中國青銅器全集

中國美術分類全集

15

北方民族

中國青銅器全集編輯委員會 編

《中國青銅器全集》編輯委員會

凡例

一 《中國青銅器全集》共十六卷，主要按時代分地區編排，力求全面展示中國青銅器發展面貌。

二 《中國青銅器全集》編選標准：以考古發掘品爲主，酌收有代表性的傳世品；既要考慮器物本身的藝術價值，又要兼顧不同的器種和出土地區。

三 本書爲《中國青銅器全集》第十五卷，選錄北方民族青銅器精品。

四 本書主要內容分三部分：一爲專論，二爲圖版，三爲圖版説明。

目錄

圖版説明

北方民族青銅文化分布圖

源遠流長的北方民族青銅文化

郭素新　田廣金

在中國北方，從西遼河流域經燕山南北、陰山、賀蘭山至隴山這一弧形狹長地域（包括內蒙古東南部、河北北部、山西北部、內蒙古中南部、陝西北部至甘肅、青海一帶），其地理環境正處于從半濕潤區向干旱區過渡的半干旱地區。這裏不僅是自然環境演變的敏感地區，也是物質文化演變的活躍地帶。大約在距今三五〇〇年左右，這一地帶因受干冷氣候的影響，一些原來宜于農耕的地區，爲適應生存環境的變化，逐漸發展起了畜牧業。據文獻記載，從商周至秦漢時期，這裏即活躍着諸多半農半牧或游牧的少數民族群體。近幾十年的考古發現表明，當我國中原地區進入青銅文明之時，因受中原青銅鑄造技術的影響，這裏也創造了適宜其經濟活動和生活習俗的青銅文化，即北方民族青銅文化。將各種動物形象用圓雕、透雕和陰刻等技法裝飾于實用的工具、兵器、服飾及車馬器具上，爲北方民族青銅文化的顯著特徵。隨着北方草原地區游牧化的發展以及與歐亞草原地帶諸多民族間的頻繁接觸和相互交往，北方民族青銅器在文化面貌上產生了越來越多的相似成份，而這種特徵鮮明的動物紋飾便成爲歐亞草原民族所通用的裝飾藝術題材，西方學者稱之爲『斯基泰——西伯利亞』風格。在中國，因鄂爾多斯地區出土的青銅器早在本世紀初就已享譽海內外，故稱之爲『鄂爾多斯式』青銅器。總之，這類以各種動物紋爲裝飾題材的青銅器，沿用時間很長，分布範圍廣泛，但大體上集中于中國北方的燕山南北、內蒙古中南部和山西、陝西、河北北部的長城地帶，因此可統稱之爲『北方系青銅器』。

在燕山南北、長城地帶商周至秦漢時期的考古發現中，以商周和春秋戰國的出土品最具特徵，特別是戰國晚期的各類金銀藝術品，堪稱北方民族文化的精華，而這些藝術品的族屬，應是史書所載的北方或西北方的戎狄族系。

文獻中最早記載的戎，是指起源于陝西西部至甘肅、青海地區東部一些祖源相近的畜牧兼農業的部落，又稱西戎。狄，是指起源于內蒙古的鄂爾多斯、陝西和山西北部的一些祖源相近的畜牧兼農業的部落，又稱北狄。這些部族或方國在商代晚期已經强大起來，他們趁商周征戰之機，沿着今長城沿線向東，再向北擴展其勢力，達到燕山南北和西遼河流域。經西周至春秋時期，活動于燕山南北的狄系部族，由于受當地土著文化的影響，其文化面貌發生了變異，因此，這些部族又稱爲山戎。

考古發現表明，自春秋以降，上述的戎狄諸族逐漸發展成游牧或半游牧民族。《史記·匈奴列傳》曰：『燕北有東胡、山戎……。』俞偉超教授引《史記·索隱》服虔説認爲『山戎，就是東胡』①。山戎的稱呼在前，後來因爲在胡（匈奴）之東，又稱東胡。東有山戎，西有烏氏、義渠諸戎，均分布于長城地帶。

戰國時期，由于北方地區生態環境好轉和中原列國紛爭，一部分戎狄部落逐漸融于農業民族之中；而另一部分游牧于草原地帶的狄部落則融于胡或匈奴，并逐漸强盛起來，出現了『冠帶戰國七，而三國邊于匈奴』的局面，故秦、趙、燕各修長城以拒胡（《史記·匈奴列傳》）。

當秦漢統一中原地區時，匈奴首領冒頓于公元前二〇九年建國，也在北方草原地區把『諸引弓之民，并爲一家』（《史記·匈奴列傳》），征服和控制了草原各部族，形成了控地東盡遼河、西逾葱嶺、北抵貝加爾湖、南達長城的部落聯盟性質的匈奴帝國。匈奴的强大嚴重威脅了漢王朝的安全，故漢匈之間時戰時和，長達三個世紀。至公元四八年以後，匈奴分裂爲南北二部，北匈奴西遷，南匈奴入塞歸附于漢王朝，并分部駐牧于當時的北地至上谷的沿邊八郡，即又回歸到了長城地帶，成爲中華民族統一體中的重要組成部分。

從文獻記載看，北方民族歷史悠久，各時期的族類稱謂衆多。從考古發現看，北方民族青銅文化源遠流長，內涵豐富多彩。在其發展過程中，不僅與鄰近的中原地區有着密切的聯繫，也與東北夷族系和西域諸族系有過頻繁的接觸。尤其是游牧民族强盛之後，北方民族青銅文化不僅吸收中原文化，在它征服歐亞草原諸族時，也吸收和引進歐亞草原地區本土文化，這是不容忽視的。所以，我們只有從考古學文化區系類型和文化因素分析入手，結合文獻記載，才能夠較全面地了解各戎狄部族的分化組合，看清北方民族從畜牧到游牧的發展歷程，及其在中華文明形成和中西文化交流中的重大貢獻。

一　北方民族青銅器的發現和研究

五〇年代以前，各地發現的北方民族青銅器多係零散收集品，且多流散于海外。五〇年代以後，隨着考古事業的發展，各地區注意了對北方民族流散文物的收集、整理和研究，有計劃地開展了北方民族考古工作，并對北方民族青銅器的文化類型、源流及其複雜的族屬諸問題進行過不少有益的探討。

北方民族青銅器，覆蓋地域遼闊，文化內涵豐富，器物特徵明顯。它從誕生到衰落，前後延續了一六〇〇餘年，經歷了幾個重要發展階段：公元前一五世紀前後爲濫觴期，公元前一三世紀至公元前一一世紀爲形成期，公元前一〇世紀至公元前七世紀爲發展期，公元前六世紀至公元前三世紀爲鼎盛期，公元一世紀中葉以後爲衰落期。下面依時代爲序，按地區加以介紹。

（一）商周時期（公元前一五世紀至公元前一一世紀）

商周時期的北方民族青銅器，主要分布于內蒙古中南部、山西和陝西北部的黄河兩岸及燕山南北地區，在黄土高原向青藏高原過渡的陝西西部和甘肅、青海東部等地區亦有發現。

1、內蒙古中南部地區

商周時期的成組資料發現不多，零散徵集的有鈴首短劍、獸首（鹿首、立羊首、鳥首和其它動物首等）刀、蕈首（蘑菇狀）刀、龍首匕、鈴首或蕈首錐、勺、斗、戈等。這一地區由于沙化嚴重，歷年經自然破壞出露的青銅器數量很多，但多流散于各地。

一九七七年至一九八四年內蒙古文物考古研究所在鄂爾多斯發掘了朱開溝遺址②，獲得了重要發現。在朱開溝晚期遺址（距今三五〇〇年前後）發現了具有北方民族青銅文化特徵的青銅短劍、刀、護胸或護臂的泡形牌飾和鑿等器物，并與商代早期的戈伴出。同時，還發現了與銅器伴出的陶器群，如花邊鬲、蛇紋鬲、帶紐圓腹罐等。

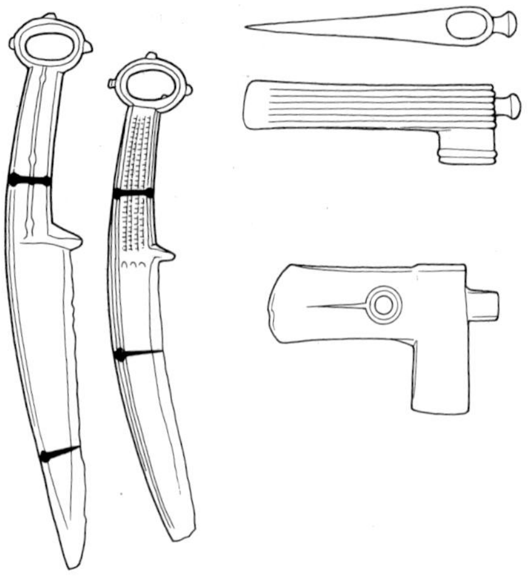

插圖一　三凸紐環首刀　管銎斧

2、山西和陝西北部的黃河兩岸地區

在山西、陝西北部的黃河兩岸，曾發現成組的商代晚期北方民族青銅器，很早就引起學術界的關注。其主要分布：在黃河東岸集中于山西呂梁山區，如保德、石樓、永和及柳林等縣；在黃河西岸則集中于陝西北部丘陵地帶，如清澗、綏德、子長和延長等縣。這一地區出土的青銅器，從器物造型和裝飾藝術看，可以分爲三組：一是典型的北方民族青銅器，數量也最多，有鈴首短劍、鹿首刀、雙環首刀、三凸紐環首刀、管銎斧、銎內戈、三銎條形刀、羊首勺、蛇首匕、頭盔和靴形器等；二是商周時期中原式青銅器，有鼎、簋、甗、罍、爵等禮器和直內戈、柳葉形矛等兵器；三是商代中原式與北方式青銅器風格相結合的器物，有帶鈴觚和豆、豎線直紋簋、細頸雷紋壺和獸首柄斗等。這些青銅器多爲偶然發現，與之相關的遺存尚不清楚。爲此，晉中考古隊深入呂梁山區進行了專題調查，發現了柳林縣高紅遺址[3]；陝西省考古研究所在黃河西岸的清澗縣發現并發掘了李家崖古城址[4]；一九八四年，北京大學考古系與陝西省考古研究所在綏德縣發掘了薛家渠遺址[5]。從遺址中出土的陶器和生產工具看，當時人們仍以農耕爲主，主要從事半農半牧的經濟活動，但畜牧經濟也有很大發展。他們建城居住，處于城邦方國階段，有身份的人還使用反映等級制度的禮器。

3、燕山南北地區

燕山南北地區，發現商周時期北方民族青銅器的重要地點有：河北青龍抄道溝，遼寧興城楊河、綏中前衛、朝陽、法庫彎柳和撫順望花等。這些地點發現的典型器物，有三凸紐環首刀、銎內戈、管銎斧（插圖一）、鈴首和人首匕等，其造型與山西、陝西北部的同類器近似。郭大順將其歸爲『北方式青銅器』分布區的東區，并指出『應是由外部傳入的』，『已成爲當地青銅文化的有機組成部分』[6]。

4、陝西西部和甘肅、青海東部地區

位于黃土高原向青藏高原過渡地帶的陝西西部和甘肅、青海東部地區，雖然有商周時期的姜戎族系遺存[7]，及寺窪文化、辛店文化、卡諾文化和火燒溝文化等多種文化，但出土的管銎斧（鉞）、針管、泡飾、鈴飾和動物形飾等，應屬于鄂爾多斯式青銅器系統。其它青銅器，如扁莖翹首刀、鐮、矛、鏃、斧、直內戈等兵器和工具，顯然是商周時期中原式器物。

（二）西周至春秋早中期（公元前一〇世紀至公元前七世紀）

這個時期的北方民族青銅器比較集中地發現于西遼河流域。自一九六〇年中國社會科學院考古研究所內蒙古工作隊發掘了內蒙古赤峰藥王廟、夏家店遺址後⑧，明確提出了該地區存在着兩種青銅文化，即『夏家店下層文化』和『夏家店上層文化』。夏家店上層文化的陶器群和富有特徵的青銅器組合被確認後，在相當廣泛的地區又先後發現了相同或相似的文化遺存，引起了學術界的普遍關注。重要的地點，除藥王廟和夏家店遺址外，還有內蒙古寧城南山根和小黑石溝⑨。該文化的銅器群明顯表現出有多元結構，有鄂爾多斯式直刃柳葉形劍系的器物群，如獸首、鈴首和各種動物紋柄首的短劍和刀，以及裝飾各種動物紋的其它器物；也有東北夷曲刃劍系器物群，包括扇刃斧和齒柄刀等。更重要的是由這兩個系統所衍生出的具有當地特點的器物，如動物紋柄首短劍，劍柄上的各種動物紋屬于鄂爾多斯式，劍身有的則爲曲刃劍系。這類器物，應屬于山戎文化。表現在青銅容器上也是如此，有仿當地陶器的銅器群，如環耳小鼎、獸耳鬲、馬紐雙聯罐、聯體豆和祖柄勺等；還有許多周代中原式容器，如刖刑方鼎、匜、簋、簠、壺等，這顯然是周文化器物。在某些容器的耳、紐和足上裝飾各種動物紋和鈴，又顯示出與鄂爾多斯式青銅器有着密切的聯繫。上述情況表明，山戎文化是將多種文化的精華融于一體，成爲我國北方民族青銅文化中最發達的一支。

內蒙古寧城南山根和小黑石溝還出土有各種馬具。其中錨頭形馬銜由兩節組成，銜兩端有可以轉動的錨頭形鑣刺，只要馬頭稍許偏離方向，鑣刺便刺于馬嘴中，這應是馴馬的絕好用具。說明山戎至少在西周晚期至春秋早期已能將烈馬馴服，使騎馬游牧成爲可能，隨後才有可能出現善于騎射的武士。

（三）春秋中晚期至戰國時期（公元前六世紀至公元前三世紀）

這個時期的北方民族青銅文化遺存發現較多，在整個北方系青銅文化中，這一時期的器物分布地域最廣泛、文化內涵最豐富、特徵最鮮明，其重要發現地點主要集中于鄂爾多斯、燕山南麓和以隴山爲中心的寧夏南部、甘肅東部黃土高原三個地區。

在鄂爾多斯周圍，自一九七三年發掘了桃紅巴拉墓地之後[10]，又相繼發現了阿魯柴登[11]、西溝畔[12]、玉隆太[13]等墓葬。另外，在陰山地帶又發掘了呼魯斯太[14]、崞縣窯子[15]和毛慶溝[16]等墓地。尤其通過對涼城毛慶溝墓地發現的春秋晚期至戰國晚期成組資料的深入研究，使我們對該文化的內涵和特徵有了更深刻的認識，因此認爲『鄂爾多斯式青銅器』屬狄——匈奴族系文化。

在燕山南麓的重要發現，首推北京延慶軍都山地區玉皇廟、葫蘆溝和西梁垙三處墓地的發掘，根據其文化內涵和特徵，靳楓毅認爲屬于山戎文化[17]。類似的文化遺存還有：河北宣化小白陽[18]、張家口白廟[19]、懷來甘子堡[20]、隆化駱駝梁和灤平苜子溝等墓地[21]。

在以隴山爲中心的寧夏南部和甘肅東部黃土高原發現了固原楊郎墓地[22]、撒門村墓地[23]，中衛狼窩子坑[24]和中寧倪丁村[25]墓地，甘肅寧縣袁家村墓地[26]等遺存。尤其是楊郎墓地的發掘，使我們對這一地區的文化面貌有了深入的了解。許成和羅豐認爲，這些遺存應屬于西戎文化[27]。

從上述情況可以看出，目前發現的這個時期的山戎、狄和西戎青銅文化資料，都以墓葬出土品爲主，集中分布于長城沿線。

這三個族系的墓葬，除西戎墓多數流行長方豎穴偏洞墓外，山戎和北狄墓均爲長方豎穴土坑墓，均有殉牲習俗，但各族系殉牲的種類和數量不盡相同。山戎墓絕大多數殉葬狗，只在大型墓中才殉葬馬；北狄和西戎墓以殉葬馬、牛、羊爲主，有的數量多達四〇具。北狄系墓地中，在靠近山戎活動地域的毛慶溝和崞縣窯子墓地，其殉狗墓占全部墓葬的百分之一三，同時，在崞縣窯子還發現有殉葬豬頭和馬鹿頭的。

這三個文化區出土的器物，全是死者生前使用的兵器、工具、裝飾品、車馬具和生活器皿等。其器物組合，從東至西各墓地有明顯的變化。綜合各文化的隨葬器物，可以分爲A、B、C、D四組。A組是典型北狄系的鄂爾多斯式青銅器，有雙鳥（或獸）頭組成的所謂

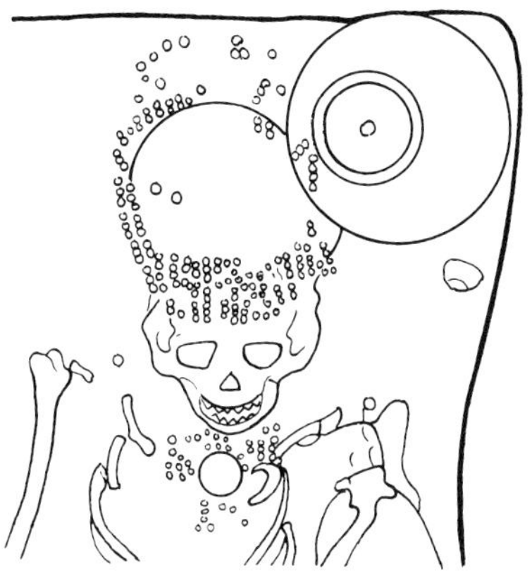

插圖二　夏家店一一號墓聯珠狀銅飾出土位置

觸角式短劍和環首短劍，有柄端有孔或呈環首的刀、錐、鶴嘴斧，有以環狀帶扣、聯珠狀飾、獸頭飾和動物紋飾牌等組成的多種形式的腰帶飾品，有長方管狀飾、圓管狀飾等其它裝飾品，還有各種骨、石質料珠組成的項飾，以及馬銜、馬鑣、馬面飾（當盧）、節約組成的馬具。B組爲中原式器物，有戈、矛、削、帶鈎、禮器（容器）和車具等。C組爲早期山戎文化的傳統器物，如銎柄和動物紋柄短劍系的器物。D組則爲西戎文化流行的器物，如三叉式護手銅柄鐵劍，早期延續下來的啄戈，圓形、三角形和菱形飾牌，人面蛇身飾牌和大量製作精細的骨器等。

這三個族系都有尚虎習俗，在各墓地的大型墓中死者都佩帶虎紋飾牌。如玉皇廟山戎墓地最大的二號墓和一八號墓，都隨葬成組的青銅容器，同時伴有虎紋金飾牌；固原楊郎西戎墓地最大的三區三號墓，殉葬羊頭四〇具、馬頭一〇具、牛頭四具，亦出土了虎咬羊紋飾牌；毛慶溝北狄墓地的五號墓，是一個成年女性墓，在死者腰帶前方佩帶了兩枚大型長方形虎紋鍍錫銅飾牌。

據統計，這三個文化區出土的青銅器，都以鄂爾多斯式青銅器（A組）爲多數，占出土器物的半數以上。山戎墓地出土的青銅器，有A、B、C三種組合；西戎墓地出土的青銅器，有A、B、D三種組合；北狄墓地出土的青銅器，主要是A、B二種組合。其中，除山戎墓地發現了中原式青銅禮器（容器）外，西戎、北狄墓中尚未發現。在山戎墓地如懷來甘子堡出土的罍、盤、匜、提梁壺等青銅容器，其蓋、紐、足上的動物造型，具有山戎文化特徵。

在種類繁多的青銅裝飾品中，各族的裝飾習俗亦不完全一致。

山戎女性注重覆面飾（插圖二）。據統計，葫蘆溝墓地有五分之一的墓出土有覆面飾，西梁垙和玉皇廟墓地有四分之一的墓出土有覆面飾。從葫蘆溝的發現看，在死者的面部往往有一至三枚小銅扣，或在眼窩，或在鼻端至上額部位。另一種形式如玉皇廟發現的在死者前額至眉弓之間、兩耳前沿，成弧線形聯成一排小銅扣，銅扣背面有穿紐，用麻線連綴于織物上。

狄人則注重于腰帶上的裝飾，從毛慶溝發現的完整腰帶看，無論是鳥形飾牌、雙鳥紋（雲紋）飾牌、聯珠狀飾和梅花狀小銅扣，均整齊地裝飾在腰帶上。比較講究的腰帶，在腰前還佩

插圖三　金冠飾

帶大型虎紋銅飾牌或鐵飾牌，這就是後來盛行的『胡帶』的重要構件。

西戎墓葬目前尚未發現能看清結構的完整腰帶，但某些小件飾牌屬于腰帶飾品是沒有問題的，有些飾件可能屬于身上佩帶的飾物。

戰國晚期的北方民族青銅器，主要發現于匈奴文化區中。自公元前三世紀趙武靈王胡服騎射之後，趙國占有了雲中（呼和浩特地區）和九原（包頭地區），然後沿陰山脚下修長城。與此同時，秦國爲防『胡』，亦修長城，自陝西北部伸入到鄂爾多斯東部。故在秦長城之外發現的西溝畔和阿魯柴登等墓地，應是匈奴的遺存。

這個時期的匈奴墓葬，亦爲長方豎穴土坑墓，墓坑呈南北向，死者頭向北，殉葬馬、牛、羊。出土的青銅器有短劍、鏃等兵器和工具，也有帶扣、鳥紋飾牌等裝飾品。其葬俗和隨葬器物組合與桃紅巴拉墓地相似。

另外，在玉隆太和速機溝等中型墓中還出土有動物造型的車具、竿頭飾件和馬、鹿、羊等圓雕藝術品，製作精緻，造型生動逼真，是這個時期青銅器的精華。特別是阿魯柴登出土的大量金銀製品，有各種動物紋組成的金冠飾（插圖三）、成組金飾牌組成的腰帶飾、金項圈和動物形飾件等，是匈奴文化之瑰寶。

（四）秦漢時期

秦漢時期，由于匈奴的强大，匈奴領袖冒頓率兵東『大破滅東胡王……；西擊走月氏，南并樓煩、白羊河南王……。與漢關故河南塞，至朝那（今固原）、膚施（今米脂）……』（《史記·匈奴列傳》）。此時，在黃土高原上的某些西戎部族可能亦加入了匈奴聯盟。冒頓同時還征服和統一了大漠南北草原地帶的各部族。所以，兩漢時期的匈奴文化，主要集中在三個地區：一是鄂爾多斯及向西南走向的黃土高原地區；二是原蘇聯外貝加爾地區；三是蒙古草原地區。

在鄂爾多斯及黃土高原地區的重要發現地點有：鄂爾多斯西溝畔四號墓[28]、補洞溝墓地[29]，寧夏同心倒墩子[30]、李家套子墓地[31]，陝西長安客省莊一四〇號墓[32]、銅川棗廟二五號墓[33]，青海大通上孫家寨墓[34]等。這個地區的匈奴墓基本上是繼承了春秋晚期以來狄——匈奴的喪葬習俗，如普遍流行長方豎穴土坑墓，墓坑呈南北向，死者頭向北，單人仰身直肢葬。普遍殉牲，以馬、牛、羊的頭和蹄爲主。從隨葬品的種類和特徵看，除中原式文物之外，其它長方形動物紋腰飾牌、環、管狀飾、鈴、環首銅刀和鐵刀等，同戰國晚期匈奴墓出土品相似。

在外貝加爾和蒙古地區發現的匈奴墓，是匈奴統一草原各部後留下的。那裏發現的普通匈奴墓，與黄土高原上的匈奴墓有很多共同之處。如流行長方豎穴土坑墓，南北向，頭向北，單人仰身直肢葬；普遍殉牲，以馬、牛、羊的頭和蹄爲主；隨葬品有動物紋和幾何紋金飾牌或銅牌組成的腰帶飾，還有透雕環、鈴、環首鐵刀、鐵帶扣和波折曲線紋陶罐等，并普遍發現絲織品、銅鏡和漆器等中原式文物。與黄土高原匈奴墓的差别是，有些墓葬地面有石頭堆起來的封丘，有的沿墓壙豎有石板，這應該是繼承了當地青銅時代至早期鐵器時代墓葬的建造結構傳統。上述情況表明，匈奴統一草原各部後，各部落間的文化交流和融合進一步加强。

兩漢時期最能代表匈奴傳統文化的青銅藝術品，是由各種動物紋飾牌組成的『胡帶』，其中長方形的動物紋腰飾牌，造型比較規範，特點亦鮮明。

二　北方民族青銅器的類别和功用

北方民族青銅器，按其功用可分爲四大類。

兵器和工具類：有短劍、刀、管銎斧、管銎戈、管銎鉞、匕、錐和觿等。

裝飾品類：包括頭飾、項飾、腰帶飾、垂飾和其它裝飾品，是北方民族青銅器中最精彩、最具特徵的一類，造型多樣，富于變化。

生活用具和禮器（容器）類：有勺（匙或斗）、甗、鬲、簋、罍、盉、壺、匜、豆和聯體豆、雙聯罐和鍑等。

車馬具類：有銜、鑣、節約、馬面飾以及各種動物造型的轅飾、竿頭飾等。

這裏選擇特點鮮明、造型精美的器物，分别説明如下：

（一）兵器和工具類

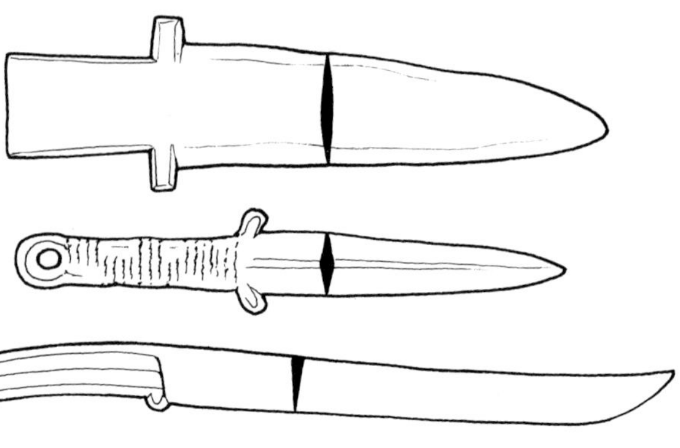

插圖四　直內戈　短劍　刀

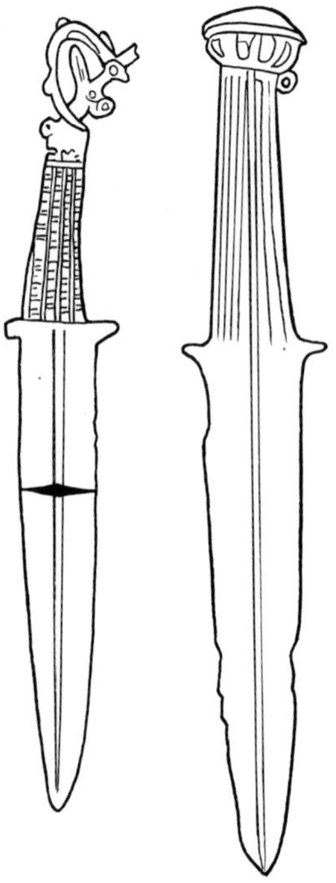

插圖五　獸頭首短劍
鈴首短劍

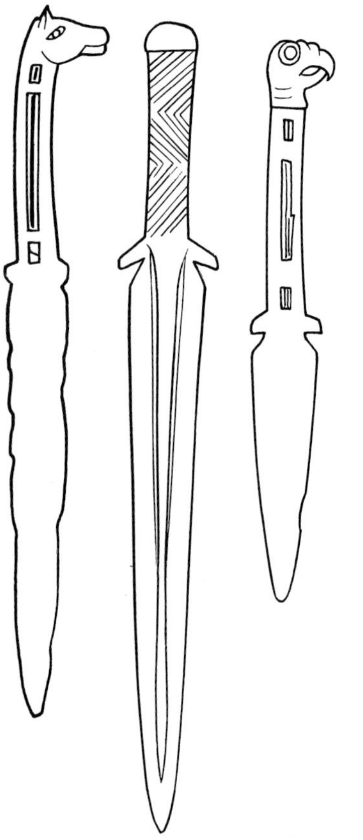

插圖六　蕈首凹格短劍
獸頭首短劍

1、短劍和刀

短劍和刀，是北方民族青銅器中最有代表性的兵器和工具。短劍是牧民和武士平時佩帶的武器，他們在狩獵和放牧時，用以防備野獸的侵害，戰時也是得心應手的兵器。司馬遷在《史記·匈奴列傳》中記載當時的匈奴人『其長兵則弓矢，短兵則刀鋋。』考古發現證明，所謂『鋋』即短劍。

目前發現最早的一件短劍，出土于朱開溝晚期遺址，扁環首呈不規則形，扁莖，格外突下斜，兩側稍內凹，直刃，中脊不明顯。劍柄用麻繩纏繞，便于握持。伴出的遺物有刀、護胸泡形牌飾和商代中原式直內戈（插圖四），時代相當于商代早期。

獸頭首和鈴首短劍，造型較一致。柄部微曲，上面有成排短線紋，柄端裝飾有圓雕的鹿、馬、羊等動物頭像；有的柄首鑄成鈴形，內有彈丸，搖動時可發出響聲（插圖五）。在獸頭首或鈴首的下部多有環扣，便于携帶。劍格寬厚呈一字形，劍脊隆起呈柱狀。此種短劍，在山西和陝西北部黄河兩岸、河北北部均有出土，時代相當于商代晚期。

類似的獸頭首短劍，在蒙古南戈壁伯彦塔拉鄉亦有發現，但劍柄稍直[35]；在北京昌平白浮西周墓[36]、原蘇聯外貝加爾赤峰塔州和布利亞特托克利湖畔出土的短劍[37]，寬厚的一字形格消失，變成了舌狀格，相當于西周早期。

在白浮西周墓，與獸頭首短劍伴出的，還有蕈首凹格短劍（插圖六）。這種短劍在西伯利

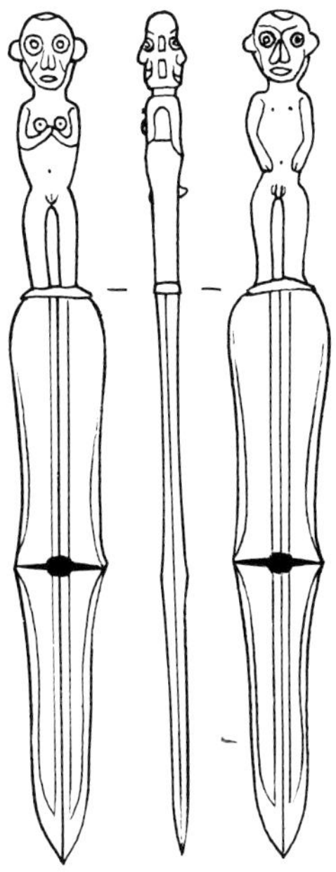
插圖七　立人柄曲刃劍

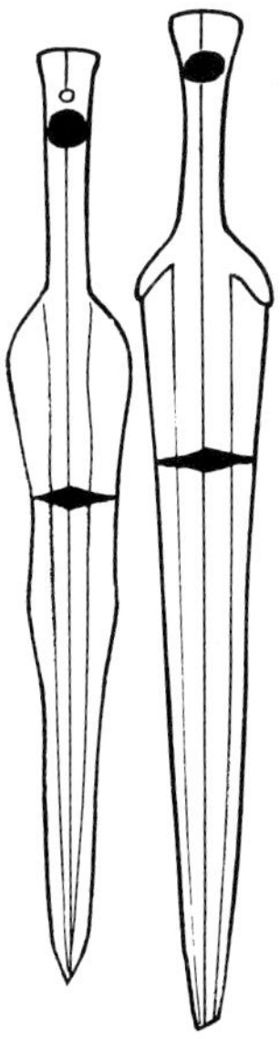
插圖八　銎柄劍

亞卡拉索克文化中比較流行，有人説凹格短劍可能是西伯利亞傳入的，這還需要深入探討。

動物紋柄首短劍，一般指在柄端鑄有圓雕動物造型，有的在柄部還裝飾各種動物紋。其動物紋種類，有各種姿態的鳥紋和獸紋，有的劍格亦鑄有對稱的動物紋。如寧城南山根出土的短劍：一件爲獸首短劍，柄端一側聯接一低頭佇立狀獸（似熊），扁柄中間有兩道凸棱，格近『一』字形，兩側有凹缺；一件爲獸面紋柄首短劍，柄扁體中空，兩側和柄首均有長方形鏤孔，兩面紋飾相同，爲獸面紋，劍格紋飾與柄首同；另一件爲三蛇紋柄首短劍，柄首一側裝飾有三蛇糾結紋圓牌，柄部飾葉脈紋，舌形格兩側稍凹。

動物紋柄首短劍，除直刃者外，還有曲刃劍。寧城南山根出土的卧虎柄劍，劍柄整體爲一對卧虎，頭在柄端，并配有鏤空幾何紋銅劍鞘。南山根還出土一件立人柄曲刃劍，劍柄兩面分別鑄男女裸體像，形象逼真。女像雙手交叉于胸前，男像兩臂收攏于腹前（插圖七）。這種劍是否與宗教禮儀有關，值得深入研究。

有的短劍，首、柄、格及劍身均飾動物紋，如寧城小黑石溝出土的一件，柄首是相對雙鳥頭，柄身鑄四組對卧獸紋，劍格兩端爲雙鳥頭，中間鑄一與柄部相同的動物紋，劍身中脊鑄一排一〇個佇立狀動物紋。

上述的動物紋柄首短劍，根據寧城南山根一〇一號墓與短劍伴出的其它器物推斷，其時代相當于西周晚期至春秋早期。

銎柄劍，是造型比較特殊的一種。柄端有銎，柄中空，劍格呈翼狀下斜，直刃，劍身較長（插圖八）。寧城小黑石溝還出土一件雙聯鞘銎柄曲刃劍。此式劍在內蒙古翁牛特旗大泡子墓[38]和克什克騰旗龍頭山早期遺址也有出土[39]。根據這兩個遺存中其它出土品推斷，此式劍在西周早期已開始出現。

觸角式短劍，指劍首呈雙鳥頭相向回首狀。此種短劍，以毛慶溝五八、五九號墓和公蘇壕一號墓出土品最爲典型，其時代爲春秋晚期。類似短劍在寧夏固原撒門村三號墓、石喇村和甘肅秦安山王家村均有出土。在鄂爾多斯的收集品中，發現了數量較多的變形觸角式短劍，有的鳥頭相背組成環狀，有的雙鳥眼近似雙環狀（插圖九）。這種短劍主要流行于張家口以西地區。

與變形觸角式短劍伴出的還有環首或雙環首短劍。這種環首短劍顯然是前者的簡化。至戰國早期還出現了環首鐵劍。

從造型看，觸角式短劍的前身應是雙動物柄首短劍，如玉皇廟九五號墓出土的雙熊首短劍（劍首爲相向對卧一對幼熊），甘子堡和宣化小白陽出土的雙虎、雙豹首短劍等。另外，在由雙獸首向雙鳥形首的演化過程中，其雙鳥喙部變長內鈎的造型，與斯基泰的鳥首紋近似。那麽，這個時期的雙鳥紋觸角式短劍是否受斯基泰文化的影響，也是一個需要探討的問題。

刀，是牧民的常用工具。人們宰殺牲畜或野獸，剝皮、割肉，甚至食肉時都離不開刀。至

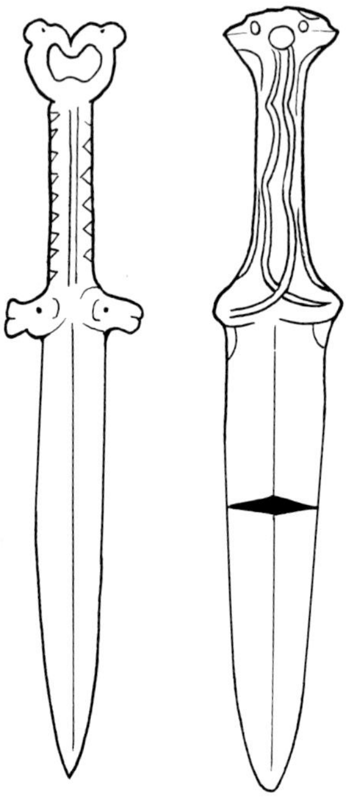

插圖九　變形觸角式短劍

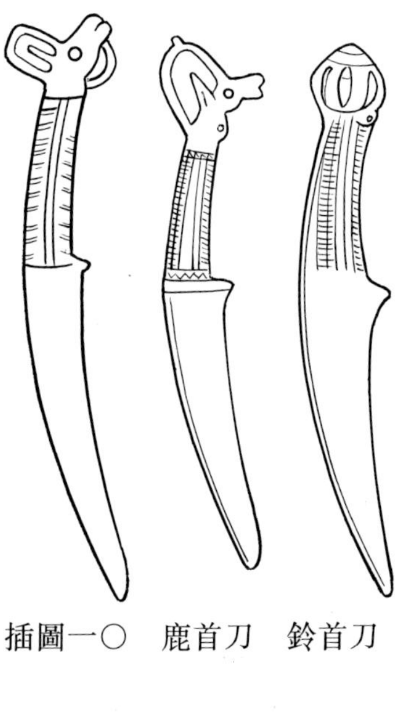

插圖一〇　鹿首刀　鈴首刀

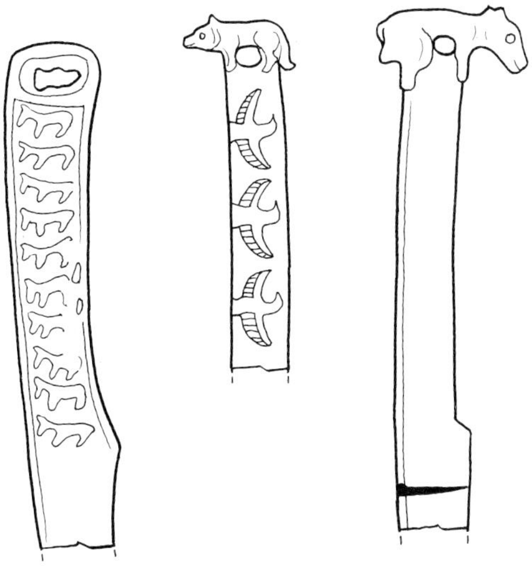
插圖一二　動物紋柄

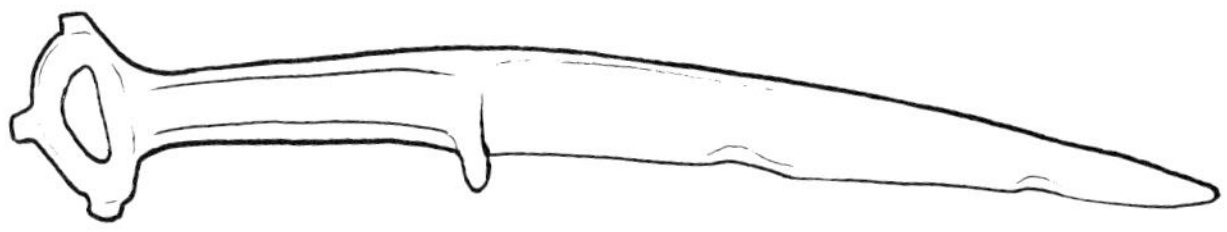
插圖一一　三凸紐環首刀

今草原蒙古族牧民吃手把肉時，仍需配備一把小刀。

根據刀的造型，尤其刀柄部的變化，可分兩種類型：一種刀柄扁平，剖面多爲橢圓形；另一種刀柄兩側起凸棱，有的有多道凸棱。早期的刀刃、柄間還有欄。但兩種類型的柄首和柄部的動物紋裝飾風格却相似。

在朱開溝晚期遺址，與扁環首短劍同出的是環首彎柄刀，柄兩側起棱，舌狀欄，刀背較厚，刀尖稍翹。這種類型的刀，在商代晚期特別流行。其特徵是：柄端有鈴首、獸首等，首下有環扣，柄、刃連接處有突出的『一』字形欄。如陝西綏德墕頭村㊶和河北青龍抄道溝出土的鹿首彎刀、抄道溝出土的鈴首刀（插圖一〇）㊷。除鈴首和獸首外，還流行三凸紐環首刀。如山西石樓後蘭家溝出土的三凸紐環首刀（插圖一一）㊸。值得注意的是，這種器物在整個北方長城地帶均有發現。西至新疆哈密花園鄉㊹，東至遼寧興城楊河㊺，北達熱河山地至遼寧西部，南到河南安陽均有出土。其中，在安陽殷墟墓地出土的獸頭刀，除婦好墓出土的一件鹿首刀㊻係典型北方式以外，其餘多數馬首刀的寬厚刀身與商代中原式刀造型一致，應是中原式與北方式相結合的器物。至西周早期，刀的首、欄與環扣三要素有不同程度的簡化，獸首或鈴首逐漸演化成蕈首，欄和環扣也逐漸消失。如昌平白浮西周墓的鈴首刀，雖還保留環扣，但一字形欄已消失；鳥頭首刀，環扣消失，欄則變成了舌狀突起。

西周中期至春秋早期的刀與短劍一樣，柄部出現了各種複雜的動物紋飾（插圖一二）。有的柄首鑄一佇立形動物；有的在柄部成排飾滿動物紋和幾何紋，如飛翔、佇立和奔走形鳥紋，佇立或卧式四足獸紋，折線、S形和葉脈紋等。至春秋中期以後，開始流行環首刀，多數爲單環，亦有雙環者，其演變規律與觸角式短劍相同。春秋晚期時，還出現了鐵刀。

2、管銎斧、戈、鉞

中原地區的傳統兵器是直內戈、鉞，用木柲夾住內部，利用內或援上的穿孔縛繩索固定木柲。在朱開溝晚期遺址與短劍、刀伴出的戈是商式直內戈，有的還裝飾有虎紋。商代晚期北方地區流行的則是管銎斧、戈、鉞，其安柄的方法是以銎納柲，與中原式戈、鉞安柄方法截然不同。

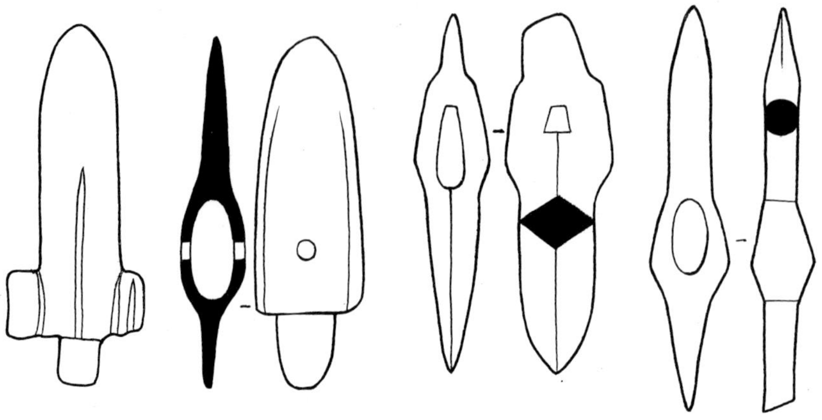

插圖一三　啄戈向鶴嘴斧的演變

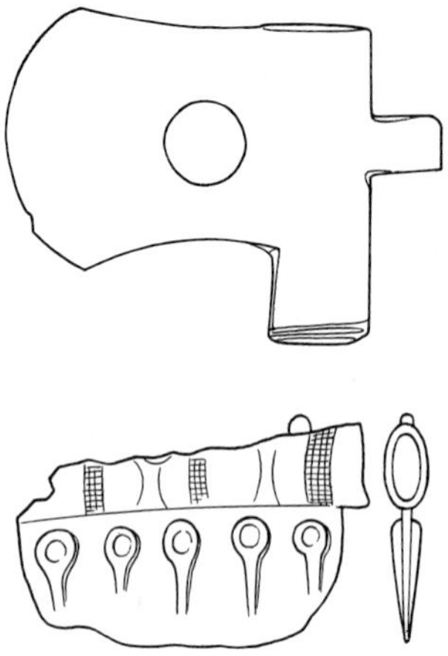

插圖一四　有銎鉞

所謂管銎斧，銎爲圓管狀，器身扁平，只有端刃而無邊刃，其作用在于砍。所謂管銎戈，其援部仿商式銅戈式樣，以管狀銎取代直內。因這種有銎戈的中脊一般較高，不便于發揮邊刃的勾割功能，主要作用仍在于啄，故林沄稱之爲啄戈[47]。這種有銎啄戈，在西北黄土高原地區延續時間較長，并發現了由啄戈演變成鶴嘴斧的系列標本（插圖一三）。至于有銎鉞和有銎多孔刀，均是根據其刃部像鉞或刀而定名的（插圖一四）。

西周和春秋時期，這三種器物在北方地區仍很盛行，但其細部已有所變化。

3、匕、錐、觿

匕、錐、觿是人們隨身佩帶的工具。

匕，刃端圓鈍無鋒，只宜割，不宜刺，可能更接近匙之類。在鄂爾多斯准格爾旗葙亥樹灣收集的一把龍首匕，匕首似龍頭，匕身細長，兩側有不對稱的環，尖端稍翹。匕身正面中脊隆起，上飾并排短線紋，類似蛇身。造型相同的匕，在甘肅省博物館收藏有秦安出土的一件，但匕首的動物類似鹿頭。蛇首匕，在陝西綏德墕頭村、清澗解家溝、山西石樓義牒、後蘭家溝和褚家峪都有發現（插圖一五）。陝西延川用斗村出土一件羊首匕，作長柄式，柄部略窄，柄端鑄一對向後彎曲的羊角，象徵羊首。柄正面鑄一站立的虎，虎前鑄一人跽坐。匕背面刻畫『×』符號[48]。此外，遼寧朝陽地區出土有鈴首匕和人面形首匕（插圖一六）[49]，其中人面形首匕與甘肅齊家坪出土的一件[50]造型完全相同。

上述的龍首匕、蛇首匕、鈴首匕和人面形首匕，大都流行于商代晚期至西周早期，甘肅秦安出土的鹿首匕時代可能稍晚。

錐，分尖刃和扁刃兩種。早期的錐有鈴首、蕈首和聯珠狀首；晚期的錐扁刃，柄端爲四方錐體，安木柄，扁刃的更宜于刺切皮革。

觿，狀如垂針。一種頂部有環狀紐，紐下有鈴形、圓餅狀和球狀柄，其下爲錐形體；另一種是獸頭形首，背面有橋形紐，其下爲錐形體。觿尖圓鈍，多數有使用痕跡，應是松解繩扣的實用工具。

早期的觿，在鈴形或圓餅狀首下有近似環扣的裝飾，與早期短劍和刀首下環扣風格一致，

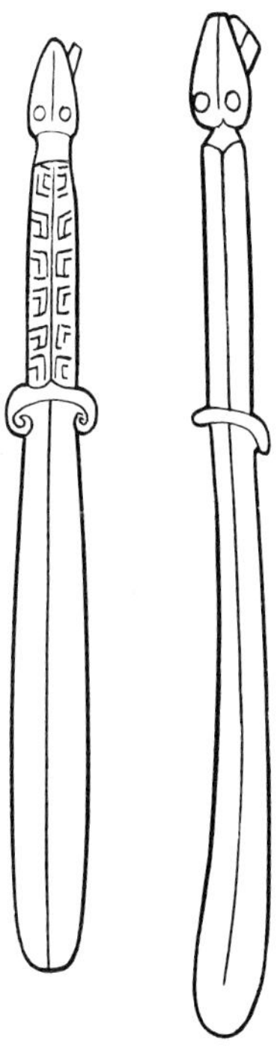
插圖一五　蛇首匕

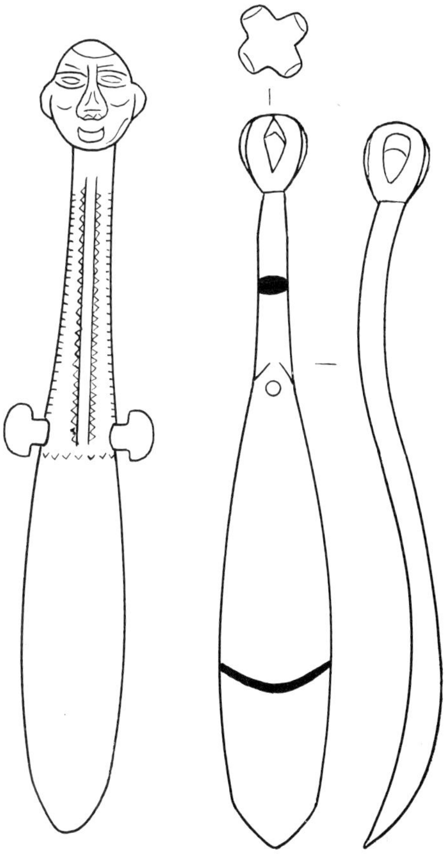
插圖一六　鈴首匕　人面形首匕

但從針體上飾有凸線紋或繞線紋的風格看，則是春秋時期流行的花紋。獸頭形觿，主要流行于戰國時期。

（二）裝飾品類

在種類繁多的裝飾品中，有頭飾（包括耳墜）、項飾、垂飾和腰帶飾等，其中以腰帶飾最富特徵。

以各種藝術造型飾件組成的腰帶飾，是北方民族青銅器中最精彩的部分。它包括帶扣與動物紋飾牌、帶鈎、環、聯珠狀飾件、雙鳥紋飾牌、扣飾、獸頭形飾、雙珠獸頭形飾和其它動物形飾等。

帶扣與動物紋飾牌，是腰帶飾的主要組成部分。帶扣，是腰帶上的鈎掛構件。這裏所指的動物紋飾牌，主要也是當作帶扣使用的。

最早的帶扣，是環狀鳥形帶扣。扣環呈橢圓形，尾端（鳥尾）有紐稍方，相對的一邊有扣鈎（鳥頭）向外斜出，側視似展翅欲飛的鳥。稍晚時期的扣環呈圓形，扣鈎逐漸內縮于環上。環正面多飾聯點紋、弧線交錯紋、繞線紋和S形紋等。從毛慶溝出土的帶扣鈎部還保存有皮帶殘跡，可以看出其使用方法爲：將皮帶一端固定于紐部，再將另一端的套扣從環內穿出反套在向外斜出的扣鈎上。相似的帶扣，在玉皇廟、甘子堡墓地均有出土。類似的還有動物紋帶扣，如固原楊郎出土的回首卧獸狀紋、雙豹紋和雙獸搏鬥紋帶扣等，固原還出土一件具有誇張意味的雙虎紋帶扣。

除此而外，還有與上述帶扣造型和功能近似的帶鈎，如玉皇廟出土的夔龍紋、瑞獸紋和鳥形帶鈎；甘子堡出土的螭虎形帶鈎及寧夏西吉出土的鳥獸紋帶鈎等。特別是陝西安塞謝屯出土的虎噬蜥蜴帶鈎還與鏈環相聯成一套，是一副既美觀又實用的腰帶飾。

動物紋牌形飾有橢圓形透雕動物紋飾牌、B形（或P形）透雕飾牌和長方形鏤空動物紋飾牌三類，其中有的還保留着帶扣的扣鈎。這類裝飾有生動而逼真的動物形象的飾牌，特徵鮮明，分布面亦極廣。

橢圓形透雕動物紋飾牌，是環狀帶扣的發展形式。在鄂爾多斯徵集的牛頭紋帶扣，正是由環狀帶扣向橢圓形飾牌發展的過渡形態。其整體呈橢圓形，紐的一端呈方形，紐上有兩個長方形鏤孔，正中有牛頭紋，牛角向上彎曲成扣環，環上有鈎外向。在牛頭紋兩側裝飾有凹入的葉狀紋。在鄂爾多斯還徵集了一件鹿紋帶飾，整體造型爲佇立鹿形，紐部爲方形，鹿頭作回首狀，頭上枝狀角端裝飾圓形凹坑，鹿身關節部位飾凹葉紋，扣環縮小變成圓孔，整體造型猶如鹿在林中漫步。遼寧西豐西岔溝出土的武士出獵紋帶飾，兩武士腰佩長劍，騎馬持繮，手臂架鷹，左右相伴而行，極富生活情趣。

B（或P）形飾牌，多以猛獸吞噬弱小動物爲題材。主體一般爲佇立形猛獸（以虎爲多數），外形輪廓多呈横B形，故名B形（或P形）飾牌。毛慶溝春秋晚期至戰國早期的六〇號、七四號墓出土的虎紋帶飾，整體扁平，造型古樸，僅表現佇立形的虎。固原楊郎戰國中晚期墓出土的虎噬獸紋帶扣，虎的造型亦較簡樸。西吉陳陽川出土的虎噬羊紋帶飾，則虎的造型形象生動，并且是左右對稱配套使用。另外，西吉陳陽川、彭陽新集出土的虎噬鹿紋和虎噬羊紋帶飾，在虎的頭、尾和背上還裝飾有鳥頭紋。楊郎戰國晚期墓出土的二件虎噬驢紋帶飾，其圖案也是左右對稱，猛虎張口露齒噬住驢的頸部，驢的後半身翻轉搭在虎的頭上，整體造型已接近P形。崞縣窰子出土的和內蒙古博物館收藏的虎噬馬、虎噬羊紋帶飾，其動物紋題材及造

插圖一七　薩爾馬特飾牌

型風格與楊郎出土品相一致，在飾牌的底側邊還有短線紋裝飾。至漢代以後此類飾牌才演變爲真正的P形，如同心倒墩子匈奴墓出土的騎士捉俘紋帶飾。西豐西岔溝也出土有相似的飾牌，其圖案爲前面三匹馬拉着一輛雙輪篷車，內坐二人向外張望，中間騎馬武士左手持長劍，右手抓住俘虜的頭髮，另有一犬撲向俘虜。這個時期的P形動物搏噬紋飾牌還出現了虎、獸、猛禽共同組成的畫面，如西豐西岔溝、西伯利亞出土的飾牌，虎多作佇立狀，口中銜有弱小動物，虎頭上方有猛禽啄咬虎的頸部，表現了飛禽與猛獸爲爭奪食物而搏鬥的生動場面。

這種P形飾牌，在斯基泰文化和薩爾馬特文化中也普遍流行。如一九七五年在薩格雷河谷斯基泰墓中出土的虎銜山羊頭紋飾牌，其造型與固原楊郎出土者基本一致，代表了此種飾牌的早期風格。

在薩爾馬特文化區出土的聖樹飾牌，圖案爲樹下三人，一戴高冠男人坐于樹下，一戴圓冠者躺在坐者的腿上，另一戴圓冠者坐在樹下牽着馬（插圖一七）。據說聖樹（生命之樹）崇拜在斯基泰地區有比較悠久的傳統。樹旁守護的動物一般多爲有翼獅子，保護此樹及其居住者的靈魂免受邪魔（蛇）的傷害。他們認爲獅子是英雄或統治者的化身，樹若未加保護，則代表生命枯萎，人民離散，所以獅子是具有神力的生命保護者[51]。但南西伯利亞和寧夏固原出土的飾牌上，守護聖樹的動物不是獅子，而是馬。

長方形飾牌，其特徵是飾牌圍以邊框，框內裝飾有各種動物紋。

群獸紋小型長方形飾牌，可能是從動物紋柄首短劍或刀柄部流行的成排動物紋發展而來的。如寧城小黑石溝春秋早期墓出土的三獸紋飾牌、桃紅巴拉春秋晚期墓出土的三馬紋飾牌等，形體較小，一般長不及五厘米，造型古樸，圖案簡單，動物均上下排列，頭向或一致或相對。毛慶溝春秋晚期墓出土的二件稍大的虎紋飾牌，在虎尾和背部出現了類似邊框的短線紋，整體造型接近長方形。至戰國晚期以後，才普遍流行較大型的長方形飾牌，一般長一〇厘米以上，并多是成對出土，替代了帶扣的作用。

大型長方形飾牌的動物紋飾，有雙牛、雙馬、雙駝、雙鹿和雙龍等。一般構圖對稱嚴謹，動物頭部或相對，或相背，或相互糾結。如同心倒墩子漢代匈奴墓出的數量衆多、內容豐富的動物紋飾牌，以及西豐西岔溝出土的同類飾牌，都呈對稱形式。也有表現個體動物者，如固原出土的鎏金佇立狀虎紋帶飾、同心倒墩子出土的牦牛紋帶飾等。還有表現三個動物的，如二蘭虎溝的三鹿紋飾牌。此外，也有動物搏鬥紋的，如阿魯柴登和西溝畔出土的虎牛、虎豕搏鬥紋金飾牌（插圖一八）。

在西伯利亞出土的雙牛、雙馬和雙鹿紋飾牌，其一端有孔，孔側有扣鈎外突。有的雖然無鈎，但有用于鈎掛的孔，這種飾牌多與帶鈎配套使用。

人和動物共同組成畫面的飾牌。陝西長安客省莊一四〇號墓出土的相撲紋飾牌（插圖一九），兩披髮男性，把馬拴在枝葉茂密的樹下，相互摟抱作摔跤狀，頭上部還有一隻飛翔的鳥向下俯視，描繪了人們悠閑自得的自然景象。畫面中所表現的摔跤姿勢，與今日流行的蒙古跤姿勢相似，說明流傳在民間的蒙古跤有着悠久的歷史。在西伯利亞亦出土有同類飾牌。

插圖一八　搏鬥紋金飾牌

插圖一九　相撲紋飾牌

此外，在兩漢時期還流行一種幾何紋飾牌。如同心縣文物保管所收集的一件飾牌，邊框飾凹葉紋。造型一致的幾何紋飾牌，在西伯利亞也有出土。

上述各類飾牌，無論是橢圓形的、B形的、還是長方形的，大體可分爲兩種形制，一是飾牌之一端有鏤孔，孔側有鈎外向；二是飾牌之一端有孔，但無鈎。其使用方法，前者與環狀帶扣一致，後者稍有不同，是與帶鈎配套使用。一九七二年，在克麥羅澳州烏丁卡湖五號墓發現的一枚雙牛紋飾牌，是用皮條繫在皮帶上的[52]。在飾牌下面還留有保存完好的絲織物碎片，上面有馬皮碎片，表明死者外衣可能是絲織品，而馬皮碎片可能是皮帶殘存物。還有一種情況，如毛慶溝五號墓出土的二件虎紋飾牌，既沒有鈎，也沒有用以鈎掛的孔，出土時擺在腹部，顯然屬腰帶上的裝飾。

考古發現證明，凡出土成對青銅動物紋飾牌的墓葬，均是有較高身份的貴族墓；凡出土成對金飾牌的墓葬，墓主身份更高，可能是部落酋長或者王；而出土小型帶扣者，則是一般平民墓。《戰國策·趙策》載：『（趙武靈王）賜周紹胡服衣冠，具帶，黄金師比』，所謂師比，即帶扣，可能就是指上述的長方形金飾牌。黄金師比，只有王和侯才能佩用，這與出土長方形金飾牌的墓所揭示的歷史現象相一致。

裝飾胡帶的其它構件，從毛慶溝墓地出土的幾條較完整的腰帶飾看，還有鳥頭形飾、雙鳥紋或變形雙鳥紋（雲紋）飾牌、聯珠狀飾、獸頭形飾、雙珠獸頭形飾和扣形飾等（插圖二〇）。如毛慶溝五號墓出土的虎紋飾牌與雲紋飾牌相組合成的腰帶飾；六〇號墓出土的腰帶飾由帶扣和雲紋飾牌組成，左側還佩掛短劍；三號墓出土的腰帶飾由聯珠狀飾組成；四三號墓出土的腰帶飾由帶扣和雲紋飾牌組成；一〇號墓出土的腰帶前部爲成排梅花狀扣形飾，後部爲有鏤孔小飾牌，腰前還佩帶有圓管狀飾和長方管狀飾。

（三）生活用具和禮器（容器）類

1、生活用具

勺（匙或斗），是挹取器，小者可稱之爲勺或匙，大者爲斗，亦可稱勺。在鄂爾多斯徵集的有鹿首勺，柄首鑄一鹿頭，柄上有環和套環。獸首造型與獸首匕近似，其時代亦應相當。此

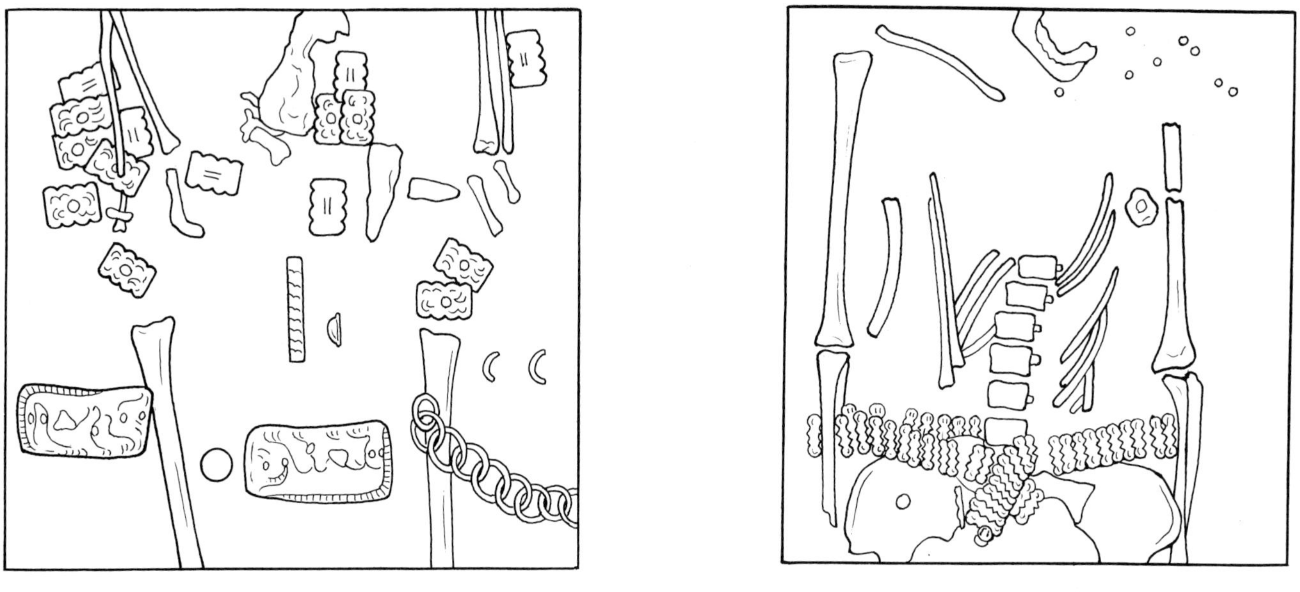

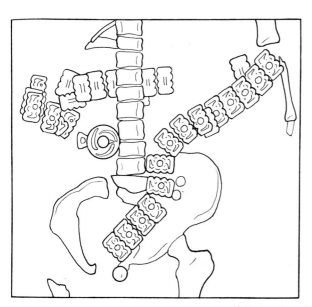

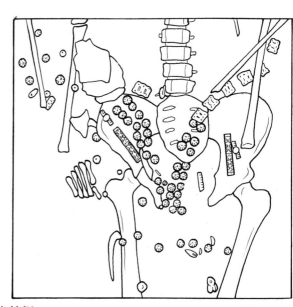

插圖二〇　腰帶飾出土情況

外，還有蕈首勺和環首勺。蕈首勺，勺多呈橢圓形，有的柄部有繞線紋，有環扣；有的柄兩側作成鋸齒狀，柄端有環狀紐。環首勺，勺呈長圓形，柄部多飾繞線紋。這兩種勺的時代，大約相當于西周至春秋時期。

斗，是中原流行的器物。在綏德墕頭村出土的一件，明顯屬商代中原式斗。石樓後蘭家溝出土的一件蛇蛙柄斗，形式和中原式斗相同，但在柄首却裝飾一蛙，兩側各附一蛇，其裝飾風格又是北方式的，這是一件中原式與北方式相結合的典型器物。清澗解家溝出土的一件羊首柄斗，柄接在勺的口沿上，勺體大而淺，與中原式斗有別，除柄面上的立虎與商代中原獸形風格相似外，柄面上的花紋和柄首的羊頭具有典型北方風格。因此推測，北方式斗是在中原式斗影響下產生的。寧城南山根和小黑石溝還出土有祖形柄勺，祖的造型形象逼真，與禮器同出。說明北方式斗也與中原一樣，是重要的禮器。

2、禮器（容器）

北方民族的青銅禮器，包括容器和生活用具。早期的禮器多爲中原式的，晚期的禮器主要不是容器，而是適應生活需要的其它器物。

商周時期，用禮器表示身份的主要場合是祭，周禮食祭往往合一，因此，借飲宴聯繫族人、姻親和朋友，也是人們顯示身份和加强人群秩序的重要途徑。大量考古資料證實，由于身份的不同，隨葬禮器的組合和數量也有别。

北方民族由于地近中原，在商代晚期就大量使用中原式禮器。在山西、陝西北部黃河兩岸發現的北方民族銅器群中，就有相當數量的禮器。如黃河東岸的石樓、柳林、保德、永和等地；黃河西岸的綏德、清澗等地。這一地帶出土的北方民族兵器與中原式禮器共存，雖然某些禮器，如石樓桃花莊出土的龍紋觥、三魚渦紋盤、豎線直紋簋、帶鈴瓿，曹家垣的鐸形器，清澗張家坬的龜魚紋盤、直線紋簋，解家溝的龜魚盤等，均具有地方特徵，但中原禮器仍居主導地位。

上述情況説明，中原地區的『國之大事在祀與戎』，亦爲北方民族所崇尚。北方民族除了以自己固有的兵器作爲維繫生存的手段外，還以中原式禮器維持其社會政治秩序。有些禮器即使具有地方風格，也是中原地區統治理念下的產物，反映了他們的禮儀觀念與中原沒有太大的差別[53]。

西周至春秋時期，出土禮器的重要地點是燕山南北地區。燕山以北以寧城南山根和小黑石溝爲代表的早期山戎墓葬中出土的禮器，分屬兩個系統：一是中原式禮器，有鼎、簋、簠、盉、匜等；二是仿當地陶器而製造的銅器，有雙耳圜底鼎、雙獸耳鬲、動物形耳的雙聯罐、聯體豆、鼓形器等。其中聯體豆，中間器型較大者是釜，類似今日的火鍋，周圍聯鑄有六個豆，豆盤似今日的碗或碟。構思奇特，造型講究。

燕山南麓山戎晚期墓葬中出土的禮器，主要是與山戎鄰近的燕器。可以懷來甘子堡和玉皇廟墓地爲代表，有身飾繩索紋、勾連雷紋、三角紋、蟬紋和糾結蛇紋的鼎，飾環耳或獸形耳的罍，器蓋飾鳥形紐和器身飾獸形耳的罐，鏈式提梁壺，獸形把手匜，以及敦、豆、盤、鬲等。可以看出，山戎早期文化流行的仿陶器的青銅容器，這個時期多數已被淘汰，但器物上的鳥、獸、蛇紋又顯示了本民族的特徵。

銅鍑，是北方畜牧、游牧民族特有的炊器，口外有雙耳，便于携帶。目前發現的時代最早的銅鍑是北京延慶西撥子窖藏出土品，體近筒形，大口、圜底，口外附雙環耳，耳上有小乳狀突。據同墓出土的其它器物斷定，其時代約在西周晚期至春秋早期。懷來甘子堡八號墓中出土的一件高圈足銅鍑，鼓腹、圜底，下接高圈足，口上附雙環狀耳。據與此件銅鍑伴出的三穿戈判斷，其時代相當于春秋晚期。與甘子堡銅鍑造型近似的鍑，在內蒙古鄂爾多斯、寧夏同心、陝西延安和榆林地區都有出土。在鄂爾多斯補洞溝墓出土的銅鍑，一種是簡單的環狀耳，但器身瘦高；另一種是方形耳，耳上有三個凸起。根據吉林出土的同類器看，其時代相當于東漢時期。方形耳上的三個凸起，後來發展成三個乳突形式，如和林格爾另皮窯村北魏早期鮮卑墓中出土的銅鍑[54]。美國埃爾迪·米克洛什兹通過對整個歐亞草原大量匈奴銅鍑的考察，認爲越往西北方向走，鍑耳上的乳突越大。到上葉尼塞的圖瓦地區，乳突變得更大，好象突起的手指[55]。這些發現，說明了北方民族銅鍑最早在山戎文化中出現，以後隨着游牧化的發展而廣泛流行。從鄂爾多斯至中歐匈牙利廣大地域內發現的大量銅鍑，其鑄造方法和器物特徵均相

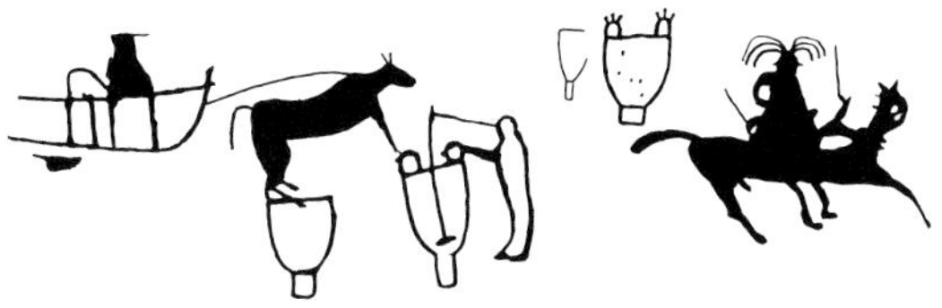

插圖二一　岩畫中鍑的用法

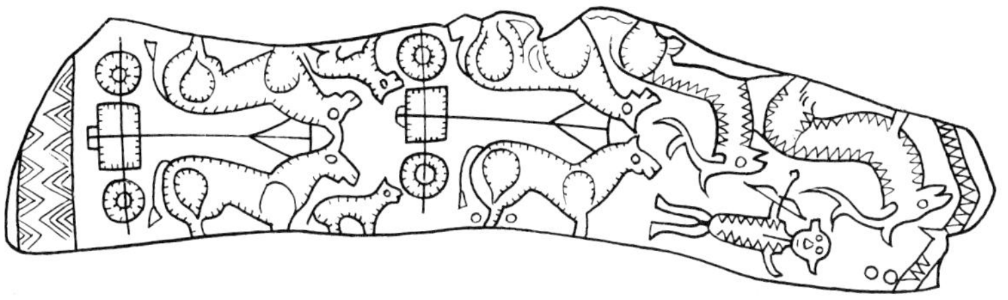

插圖二二　狩獵刻紋骨板

同。說明即使匈奴在西遷過程中，仍保持着自身的特點。

關于銅鍑的用途，在葉尼塞河右岸米努辛斯克地區的岩畫中形象地表現出來（插圖二一）。上面刻畫着屠宰牲畜祭祀的場面，畫中有人正在攪拌鍑中食物（肉）。中間一人，頭戴尖帽，身穿長袍，左手特大，畫有六指，應是薩滿教巫師，在指揮着操作。在這幅岩畫中，我們可以確知銅鍑是炊具，有時也作祭（禮）器使用。另一幅岩畫畫的是村落集會場面，畫中有各種姿態的人和閑散的牲畜，銅鍑放在氈帳外面。整個畫面猶如今日蒙古民族的那達慕大會一樣壯觀。

我國北方民族，進入游牧時期以後，中原式傳統禮器由于携帶不便，很少使用了，代替它的除上述銅鍑外，多是隨身佩帶的裝飾品。上文所述，山戎、狄和西戎身份較高的人佩帶虎紋飾牌，匈奴身份較高的人佩帶大型動物紋飾牌，王或酋長則佩帶價值昂貴的金、銀裝飾品。其它如裝飾講究的車馬器具、造型奇特的各種圓雕動物等，都可作爲標志身份的禮器隨葬。進入游牧時期，北方民族禮器制度的變化，反映出受游牧生活制約的社會意識形態的變化。

（四）車馬具類

北方民族何時開始使用車，在有關征伐北方民族的殷墟卜辭中即有記載[56]：

……小臣牆比伐，擒危美

人二十四人，四……，人五百七十，陖百……

……車二丙（輛），盾百八十三，函五十矢，

……白麐于大乙，用帷白印……

這場戰役獲得的戰利品，有盾牌一八三副，函箭五〇矢，車二輛。

考古發現能確定北方民族使用車的時間大約在春秋早期，這就是寧城南山根一〇二號墓出土的狩獵刻紋骨板（插圖二二）刻畫的駕車打獵場面，還是沿襲商周舊習。寧城小黑石溝出土了一件大型的軛，重達一〇餘公斤，說明當時已有車。另外，在燕山南麓的懷來甘子堡和軍都山地區山戎墓地中也出土了馬車零件，但數量很少。在春秋晚期和戰國早期的狄和西戎墓葬中，如呼魯斯太墓地和固原楊郎墓地，也有馬車零件出土。

至戰國晚期匈奴墓中出土的馬車零件，才顯示出真正北方民族風格。如玉隆太和速機溝出土的羊頭形轅飾，盤角羊昂首前視，雙角盤卷于頭側，頸部中空爲銎。與馬車零件伴出的還有各種動物形竿頭飾件，多數成對，故推測是車上飾件，如鶴頭形飾，佇立形鹿、馬、獸，蹲踞形馬、狻猊和刺猬等，均有銎，側面有釘孔，以固定于竿頭之上。車具如此豪華和講究，可能也顯示了車主的身份，應與禮器涵義相同。

馬具的出現，標志着騎馬術的開始。從目前考古發現看，西周晚期開始出現了青銅馬具。寧城南山根和小黑石溝出土的錨頭狀有倒刺的馬銜，顯示出馴馬初期對馬銜的刻意加工。兩節式馬銜，兩端的倒刺外側有可以轉動的半圓環，這種倒刺起到後來馬鑣的作用。稍晚，在寧城小黑石溝春秋早期墓出土的馬銜，亦爲兩節式，銜兩端類似T形，附有三個小環孔用以繫繩。這個時期的馬銜更講究簡便實用。

春秋中晚期至戰國早期的馬銜，亦多爲兩節直棍式。在瀋陽鄭家窪子出土了一件直杆式馬銜[57]，在中間和一端各附一鑣孔，另一端做出兩個連接的卷孔。懷來甘子堡和延慶玉皇廟墓地出土的兩節直棍式馬銜，中間兩環相套聯，兩端圓環，有的呈圓三角形，有的圓環外又聯一扁圓環或梯形環。同出的馬鑣有蛇形、卧虎形、馬頭形等多種，造型精緻。

戰國中晚期，固原楊郎一區一八號墓和喀左南洞溝[58]出土的兩節式銅馬銜，外環均大于內環，與中原地區同期馬銜近似。在玉隆太和西溝畔還出土了造型近似的鐵馬銜。但玉隆太墓與鐵馬銜同出的獸頭形骨鑣和西溝畔二號墓出土的虎頭形銀節約，仍保持了濃厚的北方民族風格。西溝畔虎頭銀節約，出土時節約背面孔內尚殘存十字形交叉皮條，背面還刻有『少府二兩十四朱』字樣。從刻字的風格看，與燕下都出土的節約銘刻近似，該器可能是西溝畔黃河之北的趙國人所刻或所造。

從春秋晚期以後，狄——匈奴族系的馬具還普遍出現了馬面飾（當盧）。鄂爾多斯出土有圓泡形和柳葉形幾種。馬面飾的出現，反映了騎射的發展。在阿爾泰地區斯基泰墓中殉葬的馬，在腦門上多裝飾有圓形銅泡（馬面飾）。馬面飾的使用是戰爭的需要，用以保護馬頭的要害部位。騎射是伴隨着游牧化的興盛而發展起來的，故司馬遷在《史記·匈奴列傳》中記載匈奴習俗時說：『士力能彎弓，盡爲甲騎。其俗，寬則隨畜，因射獵禽獸爲生業，急則人習戰攻以侵伐，其天性也。』

三　北方民族青銅器動物紋造型藝術

北方民族青銅器動物紋造型藝術，是伴隨着畜牧業的發展而出現的。上文所述，由于北方地區生態環境的變化，原來宜于農業發展的地區氣候漸趨干旱化，人們調整了對土地的使用方式，發展了畜牧經濟。爲適應生存環境而改變了生産方式，其結果也必然形成適應其生産活動的生活習俗，從而也就出現了有異于中原農業文化的以動物紋爲顯著特徵的北方民族青銅文化。隨着中國北方游牧活動的繁盛和北方民族青銅文化的成熟與發展，逐步促進了歐亞草原文化藝術的相互影響與融合。

目前發現的不同時期的動物紋，除鳥紋之外，主要可分爲家畜和野生動物兩類。家畜動物有：馬、牛、羊、駝、狗等。野生動物又分草食動物和肉食動物。草食動物中，鹿的形象較多見，鹿可能是當時人們獵取的主要對象；肉食動物中，虎的造型較多，虎是威武凶猛的動物，人們可能把它作爲力量的象徵。此外，還有豹、狼、野猪、熊、刺猬等，都是草原上習見的動物。

隨着北方民族畜牧經濟的發展和冶銅技術的不斷改進，動物紋造型藝術亦有了很大的發展與變化。

（一）商代晚期

目前發現的這個時期的動物紋，多以圓雕手法表現動物的頭部。其種類有鹿、龍、羊、蛇等。

鹿頭顔面較長，下唇外突，吻部前伸，兩耳直豎，眼呈雙環形，角彎曲成環狀。龍頭的造型與鹿頭相似，但頭上有柱狀角。羊頭的眼睛亦呈雙環狀，嘴往前伸，雙角盤曲。蛇頭紋，其眼睛亦呈雙環狀。

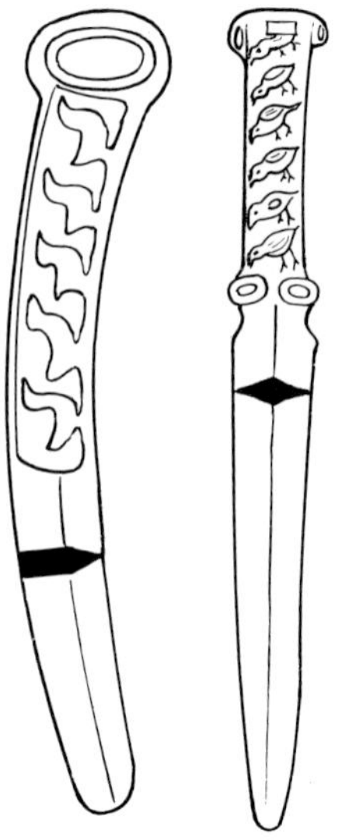

插圖二三　群鳥紋

插圖二四　鳥紋飾牌

插圖二五　雙羊紋飾牌

上述的動物紋，大都裝飾在短劍、刀和匕的首部。各地發現的此類短劍、刀和匕（匙），不僅器物造型相同，而且所表現的動物紋風格也一致，反映了早期動物紋的基本特徵。

（二）西周至春秋早中期

西周時期動物紋造型及裝飾特點，繼承了商代晚期的風格，仍以圓雕手法表現動物的頭部，同樣裝飾在短劍和刀的柄端。但短劍和刀的造型以及動物紋裝飾，與商代晚期有了較大的變化。主要體現在動物種類增多，除鹿之外，還有鳥、馬和其它獸類。其表現手法除動物的頭部外，在短劍和刀柄首普遍出現了整體圓雕的動物造型，在柄部還經常裝飾成排的鳥紋、馬紋和其它動物紋。

這個時期的鳥紋，以單獨的鳥或鳥頭作爲裝飾者較少，成群出現者較多。儘管只表現鳥的側面，但每隻鳥的姿態各異。如鄂爾多斯出土的群鳥紋，表現出鳥行走的姿態；寧城出土的短劍柄上的群鳥紋，似佇立狀的雀（插圖二三）；建平縣和鄂爾多斯采集的銅刀柄部的群鳥紋，鳥呈飛翔狀，類似天鵝。

裝飾在短劍和銅刀柄端的動物紋，這時出現了整體圓雕動物造型。如隆化駱駝梁短劍柄首，建平和小黑石溝銅刀柄首，均裝飾有圓雕的立獸，風格也都相似。

除裝飾在兵器和工具上的動物紋外，一些小型裝飾品也普遍雕成動物形。如獸頭形飾，多爲浮雕，有的有耳、有的無耳，多以圓圈表示眼睛，造型簡單，僅具象徵性，難以辨認種屬。有的由幾個獸頭聯結在一起，其造型與單體獸頭一致。還有一種雙珠獸頭形飾，僅少數能辨出獸頭形，大部分只表現其雙耳，頭則呈圓珠狀。

由上述兵器和工具柄部浮雕的群獸紋發展而來的小型群獸紋長方形飾牌，是這個時期裝飾藝術的代表作品。

（三）春秋晚期至戰國早期

這個時期是動物紋藝術長足發展的時期，種類明顯增多。

裝飾在短劍和刀柄首的所謂觸角式形象，實際多是雙鳥（獸）頭相對構成的圖案，鳥頭幾乎均變成了長喙內勾狀。在此基礎上出現了對稱的雙鳥頭造型，鳥的眼和內勾的喙清晰可見。

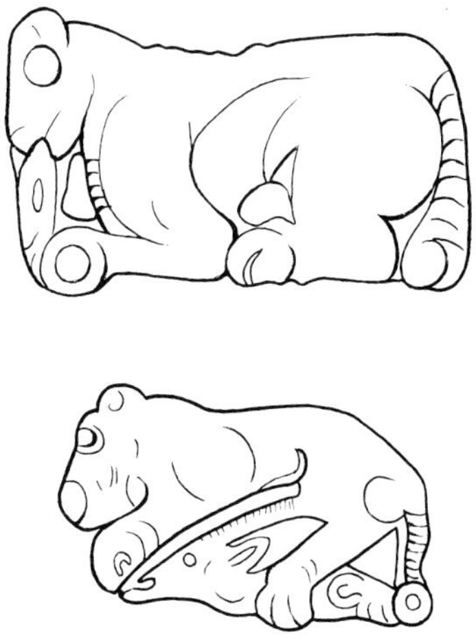

插圖二六　虎噬鹿紋和虎噬羊紋飾牌

插圖二七　鷹

插圖二八　天鵝

之後雙鳥頭造型又趨向圖案化，稱爲變形觸角式。

圖案化的鳥紋這時多裝飾在小型飾牌和扣飾上（插圖二四），主要表現頭部，如毛慶溝墓地出土的各類鳥紋飾牌。這種鳥紋，除喙、眼清晰可見外，身軀很難辨認。有的由數個鳥頭組成一個圖案，其鳥身用渦狀紋表示，多裝飾在扣飾上。由雙鳥頭反向聯結呈S形的雙鳥紋小飾牌最引人注目，有的鳥喙、眼、耳尚清楚可見；有的鳥頭、耳消失，除鈎狀喙清楚外，眼睛呈圓孔狀；有的已很難辨認出鳥頭的形狀，完全圖案化，變成雲紋小飾牌。

這個時期的代表作品是各種浮雕動物紋飾牌，其動物造型有半蹲踞形或佇立形等。所謂半蹲踞形，即動物作微蹲狀。草食動物的四肢，微屈內伸，前後足有的相接。鄂爾多斯出土的鹿形垂飾、涼城出土的山羊形飾、固原楊郎出土的半蹲狀鹿形飾等，均造型簡單，僅具象徵性。肉食動物的四肢，微屈前伸，爪略有變化，有的呈鈎狀，如毛慶溝出土的虎紋飾牌；多數呈環狀，如延慶玉皇廟、懷來甘子堡、寧城小黑石溝及鄂爾多斯出土的虎形飾和豹形飾。佇立形動物紋飾牌，動物作直立狀，如水澗溝門出土的鹿作回首驚恐狀；鄂爾多斯收集的虎紋飾牌，虎作漫步狀，雖然造型簡單，但神態逼真。

在蹲踞形和佇立形動物紋飾牌中，由兩種或兩個動物組合的畫面尤爲生動。如涼城出土的雙羊紋飾牌，母羊昂首前視，角呈環狀，另一回首羔羊依附于母羊體下（插圖二五）。崞縣窯子出土的虎噬鹿紋飾牌和范家窯子出土的虎噬羊紋飾牌，構圖均極爲精彩（插圖二六）。

（四）戰國晚期

戰國晚期是北方民族青銅器動物紋造型藝術發展的鼎盛時期，動物紋題材和造型都有很大的變化。小型裝飾品，如鳥形和獸頭形飾明顯減少，大型動物紋飾牌和以圓雕手法塑造的動物造型，則居于主導地位。

此時期的鳥紋一改前期圖案化的造型風格，大部分被造型精緻、形象逼真的寫實性鳥紋所取代。如阿魯柴登出土的展翅欲飛的雄鷹（插圖二七）、西溝畔出土的回首卧狀天鵝（插圖二八）及凶猛的雄鷹捕食動物時的形象，均表現得栩栩如生。

佇立形和蹲踞形動物造型，此時多爲圓雕，造型生動傳神，具有明顯的時代特徵。佇立形

插圖二九　角鹿

插圖三〇　虎鳥紋金飾牌

插圖三一　虎噬獸紋飾牌

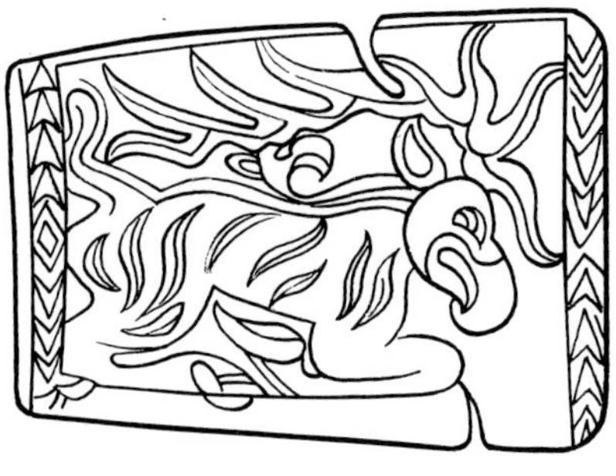

插圖三二　鹿角鷹嘴獸金飾片

動物造型，除少數爲冥器外，多數爲竿頭飾件。以玉隆太和速機溝出土品最爲典型，所表現的題材多爲草食動物，有鹿、羚羊、馬和其它獸類。蹲踞形動物造型發現的數量較多，是半蹲踞式動物的發展型式。無論是草食動物還是肉食動物，均蹲得很低。草食動物四肢屈曲內伸，前後足重疊，前足在上，後足在下；肉食動物，四肢屈曲前伸，前足壓于頷下。蹲踞形動物中，鹿角的變化應該注意。前述的半蹲踞形鹿，其角多呈連續環狀；而蹲踞形鹿，角枝則呈S形，并一直伸延至臀部。此類鹿目前只在米努辛斯克和俄羅斯南部有所發現。西溝畔出土的金飾片上的角鹿，還是S狀角向枝狀角的過渡形式；玉隆太出土的角鹿則是寫實的枝狀角（插圖二九）。這種角鹿的藝術造型，是歐亞草原地區動物紋造型藝術的重要題材之一。

這個時期出現的後肢反轉動物紋、動物搏噬紋和怪獸紋，代表了這個時期動物紋造型藝術的精華。

所謂後肢反轉動物紋，其實是動物在地上滾動時的瞬間形象。這一形象與靜態的描繪相比，更表現出動態韻律的美。如呈S形的雙豹紋，圓形扣面的羊紋，劍首和劍格上的雙鹿紋、雙馬紋，西溝畔金、銀飾片上的卧馬紋等，均是這種形象的代表作品。

動物搏噬紋，又稱動物咬鬥紋，主要表現野獸捕殺小動物的畫面。如虎噬羊、虎噬馬等，表現了弱肉强食的生動場面。也有表現野獸搏鬥場面的，如阿魯柴登的虎牛搏鬥紋飾牌，浮雕四虎一牛，牛四肢左右分開，俯卧于地，四隻虎從左右兩側咬住牛的頸和腹部，牛奮力掙扎，

插圖三三　圓雕金鹿

以角穿透前面兩隻虎的耳朵。西溝畔的虎豕搏鬥紋金飾牌，浮雕虎和野猪，虎前爪踏地，張口咬住野猪的後腿，野猪則反咬住虎的後腿，相互撕殺、滾動，構思巧妙，製作精細，堪稱北方民族動物紋飾的傑作。

怪獸紋往往由多個鳥獸紋組成。如阿魯柴登出土的虎鳥紋金飾牌（插圖三〇），所表現的動物紋，以虎紋爲主，在虎的頭、背和尾部還裝飾有數個同形鳥紋，鳥身皆爲S形圖案；西吉陳陽川出土的虎噬獸紋飾牌（插圖三一），也以虎紋爲主，虎頭下和爪下各有一獸，虎頭、背和尾部裝飾四隻鳥；西溝畔二號墓出土的鹿角鷹嘴獸金飾片（插圖三二），爲鷹喙、鹿身、長枝狀角，有的背上附有鳥頭紋；神木納林高兔出土的圓雕金鹿（圖三三），眼球突出，鷹鈎喙，大角直立，角分四叉，叉端和尾各有鈎喙鳥頭。

如果説戰國晚期的各種動物造型，多是自然寫實或抽象簡化的，那麽，怪獸紋則完全是幻想中的動物形象，呈現給人們的是一種神秘而怪異的美，體現了一種原始宗教的情感、觀念和理想。

（五）兩漢時期

至西漢時期，動物紋造型藝術種類明顯減少，獸頭形、佇立形和蹲踞形等單體的動物造型基本不見，小型裝飾品也非常少見。而大的作品，如動物紋腰飾牌之類則成爲此時的代表作。所表現的動物紋，已脱離了純寫實的手法，以自然景物山、樹木、花草紋爲襯托的動物紋普遍發展起來。在畫面的整體結構上，更多地注意了左右對稱的布局，如雙馬、雙駝、雙牛、雙鹿、三馬、群鹿等長方形飾牌。這個時期的動物紋，在其肢體的關節部位還普遍裝飾凹入葉狀紋，改變了戰國以前流行的仿嵌窩的圓形葉狀紋風格。

這個時期所表現的動物紋題材，無論是靜止的動物，還是鷹、虎、獸搏殺的場面，均以大草原爲背景。尤其是出現了人與動物組合的畫面，無論是行獵、摔跤或騎士捉俘等場面，均是當時社會生活的真實寫照，具有濃郁的草原生活氣息。也反映了動物紋飾的變革與發展。

總結以上北方民族青銅器動物紋題材，共有蛇紋、鹿紋、羊紋、鳥紋、虎紋、豹紋、馬紋、牛紋、駝紋和其它不明種屬的動物紋等。其中，蛇紋、鹿紋、鳥紋、羊紋和虎紋，在各個時期都較突出，其變化規律亦較清楚。可歸納如下：

蛇紋，在商代晚期出現，始爲龍首蛇身，稍晚龍首消失，以彎曲的蛇紋爲主，并出現了表示蛇皮或脊骨的種種變體，如成排的短線紋、葉脈紋、折線紋、波浪曲線紋等。西漢時期的長方形幾何紋飾牌中的蛇紋，又以寫實蛇紋爲主。

鹿紋，商代晚期裝飾于短劍和刀柄首的鹿頭紋，其造型與龍頭相似。春秋以後，鹿紋普遍流行，變化亦較明顯。主要是鹿角的變化，即由連續環狀角經連續S狀角向枝狀角發展。

羊紋，在商代晚期至西周時期出現。裝飾在短劍和刀柄首的羊，角呈環狀，位于羊頭頂部。稍晚，角又向後伸延至頸後或背上，變化規律與鹿角一致。

虎紋，出現較晚，目前掌握的材料大約在春秋時期。虎紋的早期型與龍紋一樣，明顯地受中原影響。早期的虎爪呈鈎狀，至戰國早期普遍呈環狀，以後才向寫實發展。虎紋的變化，大體代表了肉食動物紋的變化規律。

鳥紋，多以鳥頭造型爲主，其雛形可以追溯至西周時期。特徵是尖喙、圓眼，僅具鳥頭輪廓。這個時期的鳥紋多屬天鵝和雀類。自春秋晚期始，單體鳥頭或裝飾在短劍柄首的鳥頭形象，均被尖喙内勾的鷹的形象所取代。從此鳥紋向兩個方向發展：一是由雙鳥紋組成的S紋，發展成幾何形雲紋；二是鳥喙的上部出現了突起，至戰國晚期多附加裝飾在動物的頭、背上和尾端，組成了幻想中的怪獸紋。

其它動物紋，如馬紋、牛紋、豹紋、駝紋等，從其自身的演變序列看，也是北方地區自然誕生和發展起來的特有紋飾。但是，在其發展歷程中，同樣吸收和融合了中原及歐亞草原地區諸文化，從而更加完善與繁榮。

四　北方民族青銅器動物紋造型藝術中東西方文化的融合

從北方民族動物紋造型藝術的發展演變來看，大約從商周之際開始，我國北方民族與蒙古、貝加爾地區的居民便有了接觸。除蒙古伯彦塔拉出土的一件獸首短劍與燕山南北長城地帶

插圖三四　後肢反轉動物紋

的出土品近似外，貝加爾地區出土的獸首刀、劍，其形制已發生了很大的變化，顯然是中國北方獸首刀、劍在貝加爾地區的發展型。至西周時期，燕山南北地區與貝加爾地區的聯繫似乎更爲密切，如聖彼得堡冬宮博物館收藏的米努辛斯克盆地出土的立式羊形和野猪形柄首銅刀，其動物紋風格與建平縣采集品、隆化駱駝梁八號墓及寧城小黑石溝出土品完全一致。上文已經指出，北方民族青銅刀、劍柄部的動物造型，由商代晚期的圓雕動物頭柄首發展到西周時期的圓雕立式動物柄首的演變規律是清楚的。真正融匯西方文化成份的動物紋藝術品，是伴隨着北方游牧化的發展才傳入中國北方的，其時間大約相當于春秋晚期。

至春秋晚期，鳥紋的變化值得注意，如毛慶溝出土的觸角式短劍上的鳥紋，鳥喙變長，內勾，與西伯利亞出土的同期觸角式短劍上的鳥紋近似。造型近似的鳥紋，在斯基泰文化中也很流行。這種鷹鷲之類的猛禽，是草原地帶常見的動物。不同地區在相同的經濟形態之下，固然可以產生出相同的文化類型，但像鳥紋這樣東西方一致的風格，顯係東西方文化接觸的結果。

至戰國晚期，這種鷹鷲鳥頭紋常常裝飾在其它主體動物紋的頭、尾和背的上部，從而出現了怪獸紋造型。這種怪獸紋，成爲從匈牙利經烏克蘭、土耳其、中亞、南西伯利亞、外貝加爾、蒙古到鄂爾多斯的廣大歐亞草原地帶常見的藝術題材，而在俄羅斯黑海北岸的阿爾泰地區出現較早。阿爾泰地區巴澤雷克墓葬中不僅出土了中國的絲織品，而且發現了數量衆多造型優美的怪獸紋和後肢反轉的動物紋（插圖三四）。這一方面説明了東西方之間貿易活動的加强，也説明了戰國晚期北方民族青銅文化在吸收歐洲藝術的基礎上得到了充分的發展。

動物搏噬紋出現較晚，和林范家窑子出土的戰國早期虎噬羊紋飾牌，其造型僅初具輪廓。類似的虎噬羊紋，在斯基泰文化中也有發現。從虎的造型看，似毛慶溝春秋晚期虎紋的發展型。這種原始的虎噬羊紋是否受斯基泰文化的影響，尚需有充分的證據才能定論。不容置疑的是，戰國晚期以後的動物搏噬紋，以西方的最發達，且造型生動活潑，構圖優美。至西漢時期的鷹、虎、獸搏鬥的動物造型，應是吸收了西方動物紋藝術的精華而發展起來的。

兩漢時期匈奴腰飾牌中，多爲馬、鹿、牛、駝和龍等動物造型，往往成雙出土并左右對稱，其構圖嚴謹的風格，顯然受中原傳統文化的影響。這種藝術風格，隨着匈奴勢力的擴大，流布于整個歐亞草原地帶。但這些飾牌中流行的凹葉紋，有人説是受薩爾馬特文化的影響。因爲中國鑲嵌工藝雖然早在二里頭文化時期已經出現，但是仿鑲嵌工藝的凹葉紋在戰國晚期以前是圓形的。

總之，北方民族青銅器動物紋飾是伴隨着畜牧、游牧經濟的繁榮而發展的，并始終與中原傳統文化有着密切的聯繫。當歐亞草原游牧化加强以後，中西方文化相互影響的速度之快是驚人的。匈奴在發揚傳統藝術的基礎上，又吸收了西方藝術的精華，使北方民族動物紋造型藝術達到了頂峰。

五　北方民族青銅器鑄造工藝

青銅器的鑄造工藝，代表了青銅時代生産力和藝術的發展水平。在青銅時代以前的新石器時代，北方地區雖以農耕爲主，狩獵業仍占有很大比重。許多遺址中出土的骨刀或骨柄石刃刀以及骨柄石刃匕首（雙刃，類似後來的短劍），就是爲適應狩獵活動的需要而創造的。進入青銅時代以後，朱開溝晚期遺址發現的短劍和刀，是北方民族青銅器中時代較早的作品。短劍和刀柄部鑄縫明顯，當是合範鑄成，與之伴出的還有商式銅戈。該遺址其它商代器物，還有二里崗上層文化的陶器和銅爵、銅鼎等禮器。另外還發現了銅斧石範，説明這時本地可能已有了青銅鑄造業，其鑄造技術應是隨着商人的到達而傳入的。

目前出土的大約在夏紀年範圍或夏商之際的早期青銅器，如河南偃師二里頭文化遺址出土的刀、錐、鑿、鏃、鈴、戈、戚、爵，山西夏縣東下馮出土的銅鏃，甘肅武威、永靖齊家文化遺址所出的刀、錐，河北唐山大城山夏家店下層文化遺址出土的鏃和刃形器等，都用陶（石）範鑄造。

相當于商周時期的北方民族青銅器，從鑄縫看也是合範鑄的。在内蒙古大青山後發現的管銎斧和銅刀石範，均是合範，更能説明這點。這也與中原地區『商周銅器絶大多數可以用陶範分塊鑄就，看來，陶範鑄造在這一時期占着統治地位』[59]的情況一致。在赤峰林西大井銅礦發現的西周至春秋時期的冶銅遺址，是否也採用同樣的鑄造方法？

就目前所知，早在春秋晚期，北方民族青銅鑄造工藝有了劃時代的變化，這就是青銅鍍錫工藝的普遍使用。

據韓汝玢和美國埃瑪·邦克對甘肅慶陽、寧夏固原、內蒙古凉城發掘出土品的初步觀察，具有富錫表面層的製品較多[60]。僅凉城毛慶溝出土的雙鳥紋飾牌，在所檢驗的一四四件中，發現九九件有銀白色富錫表面層，占觀察總數的百分之八六點八。相同形制的飾牌，在慶陽、固原僅一部分有富錫表面層，但都是單面的。慶陽、固原發現的表面富錫的大型長方形飾牌也是單面的，背面內凹。毛慶溝出土的表面富錫的大型飾牌則是雙面的，其背面平整。據不完全統計，在美國、英國、瑞典、香港等博物館及收藏家的藏品中，有富錫表面層的鄂爾多斯式青銅飾品已發現近百件。

通過對富錫表面層青銅器進行測試，表明這種表面富錫層是鑄件經過有意鍍錫處理造成的。其方法是在已完成鍍前准備的銅或青銅製品表面，放少許松香，然後在火中加熱，松香熔化後布滿製品表面形成熔劑層，以防止當溫度增加時，基體金屬進一步氧化。將錫球或錫箔放在製品表面上，加熱到比錫熔點高攝氏五〇至一〇〇度，錫完全熔化，將金屬製品反復傾斜，使熔化的錫在製品表面完全覆蓋。製品移出加熱源，在錫尚未凝固時，用皮革或布擦試製品表面，去除多餘的錫，從而獲得平滑均匀的薄層鍍錫。應用這種熱擦鍍錫方法，可以得到單面鍍錫表面層，但鍍層厚薄難以控制[61]。

將金屬製品浸入熔化的錫或鉛錫合金中以獲得金屬鍍層，這種工藝稱爲熱浸鍍。應用這種熱浸鍍錫方法，得到的是雙面鍍錫表面層，鍍層厚度可由插入錫液的時間進行控制[62]。

從毛慶溝發現的表面鍍錫飾牌看，表面有一層銀白色光澤，外表的美觀程度不亞于銀製品。表面鍍錫飾牌與不鍍錫飾牌相比，前者不易生銹，後者多腐蝕嚴重。表面鍍錫銅製品的大量出現，反映了北方民族青銅器製作工藝的重大成就，也是狄和西戎文化的重要特徵。中國古代何時發明了銅器表面鍍錫技術，文獻中未見記載。有的學者認爲，北方民族表面鍍錫青銅牌飾的紋飾特徵與山西侯馬春秋晚期晉國青銅器皿上的紋飾類似，而毛慶溝發現的表面鍍錫銅飾牌的時代亦相當于春秋晚期，因而推測鍍錫技術源于春秋晚期山西中部[63]。究竟何時何地最早發明了表面鍍錫技術，尚需更多的考古發現和研究才能確認。

在北方民族使用青銅器表面鍍錫技術不久，又使用了失蠟法的先進鑄造技術。毛慶溝二七號墓出土的大型虎紋長方形鐵飾牌和西溝畔二號墓出土的虎豕爭鬥紋金飾牌，在飾牌背面均印有清晰的麻布紋，這是失織失蠟法技術使用的確切證據。據美國諾爾·亞當斯的研究[64]，這種飾牌的製作程序是：先將木或骨雕成的原模壓進粘土中製成『母模』，再將蠟注入并加覆一層紡織物起支撐蠟模的作用，因此蠟模就有了織物的紋痕，取出蠟模，包上粗粘土加以燒烤，蠟和織物同時失去，形成了最終的模型。澆鑄後，金屬飾牌的背面便產生了凸起的紋痕。鑄件取出時，這個模具便被打碎不能再用。後來也經常把製好的金屬飾牌當原模使用，所以經常會發現一些大小和圖案完全一致的銅飾牌。加覆一層織物的作用是：支撐蠟模，製造薄型模具以節約金屬原料，保證鑄件厚薄均匀。有些飾牌并没有織物紋痕，說明并非所有鑄件都使用織物，或者有的由于織物吸蠟過多，紋痕模糊了，有的是用没有布紋的氈製品。

上述毛慶溝二七號墓和西溝畔二號墓，均爲戰國晚期墓，說明北方民族使用失蠟法的鑄造技術，至少從這個時期開始。這也許是爲什麽到戰國時期各種小型裝飾品突然減少，而取代它們的是各種圓雕動物造型的原因吧。這種工藝的進步，顯然與先進技術的使用相關。

中國何時開始使用失蠟法？華覺明根據隋縣曾侯乙墓和淅川下寺楚墓銅器群的考察和研究認爲，『失蠟法到公元前六世紀初的春秋中晚期已早脱離原始形態而具有相當水平』了[65]。

北方民族的青銅器製作，在戰國晚期以前是否已開始使用失蠟法，尚需進一步考察。自戰國晚期以後，隨着匈奴勢力的擴展，失蠟法逐漸傳播到整個歐亞草原的游牧民族中。

六　結語

人類文化史是社會史與自然史的創造性的辯證結合。自然環境與人類行爲都是可變因素而相互作用和影響，人類在適應環境和改造環境的過程中促進自身的發展。自更新世中期地形地貌和季風格局形成以後，氣候的變化便成爲生態環境演變的主要因素。通過內蒙古長城地帶區域環境演變和環境考古研究表明[66]，在距今八〇〇〇年至五〇〇〇年的高溫濕潤期，原始農耕經濟在中國北方長城地帶普遍得到了發展。在距今四〇〇〇年前後，與中原地區一樣亦普遍進入了青銅器時代。在距今三五〇〇年前後氣候向干冷演變時，首先受西伯利亞冷空氣影響的西北黄土高原和鄂爾多斯地區，農業經濟受到了很大的影響，農業的欠收，迫使人們調整土地使用方式，畜牧經濟便在農業經濟的基礎上逐漸發展起來。畜牧經濟的發展，導致了人們生活習俗、物質文化和觀念形態的變化，從而出現了有異于中原農業民族的人群。

中國北方的這些從事半農半牧的部族或方國，在畜牧業發展起來之時，已經進入了青銅器時代，又因地近中原，在中原地區的先進冶銅技術影響下，創造了適應本部族生產和生活需要的北方民族青銅器。在鄂爾多斯和黄土高原上出土的早期北方民族青銅器均與中原地區青銅器伴出的事實，證明了這一點。而在甘肅、青海地區的齊家文化中，雖然青銅器出現較早，但氣候向干冷演變時，却失去了北方青銅器產生的生態環境條件。

由于干冷氣候的持續發展，中原文化區域的北界在商代晚期明顯向東南移動，這顯然與北方或西北方畜牧業的發展有直接關係。但是，尚未脱離農耕生活的北方民族，只能在草原和農耕區的邊緣地帶擴展勢力。向東沿燕山南北移動，再向北沿大小凌河至西遼河流域地帶發展。在長城地帶從西到東所以都有早期北方民族青銅器的發現，其原因就在這裏。

西遼河流域雖然緯度偏北，由于受南北走向的大興安嶺山脈阻隔，雨量相對比西部充沛，在西周至春秋早期，北方民族青銅文化與當地土著文化結合後，得到了充分的發展。但是，北方民族仍以中原的禮儀制度維持社會秩序，以本民族的兵器和工具爲維繫和鞏固自己生存的手段。隨着騎馬術的出現，經歷了由半農半牧經濟向半游牧或游牧經濟的發展歷程，趁着春秋戰國時期各列國逐鹿中原之機，在長城沿線發展其勢力，成爲雄踞北方的强大部族，這就是歷史上的山戎、狄和西戎。

隨着距今二五〇〇年前後此地氣温回升，自然環境好轉，中原農耕民族又開始向北發展，迫使部分北方部族融入農業民族之中。而另外游牧于草原地區的狄系部族，則逐漸發展并融合成强大的匈奴族。此後，秦并六國。當中原處于秦漢統一時期，匈奴亦統一了北方草原各部。游牧于廣闊草原上的匈奴族，其視野大大開闊，生活習俗和社會意識也發生了很大的變化。如果説早在春秋晚期，隨着游牧經濟的發展，匈奴已經與西方文化有所接觸，那麽到了戰國晚期統一草原各部時，已是游牧文化的開放期。繼春秋晚期青銅鍍錫技術的使用，到戰國晚期失織失蠟法先進鑄造技術的出現，使匈奴的經濟文化得到了空前的發展。同時，以匈奴游牧民族爲媒介，又把中國先進的冶銅技術和絲織藝術傳到了西方。可以説早在張騫通西域之前，就已經溝通了中國北方的草原『絲綢之路』。這個時期的各種寫實性動物搏噬紋的大量出現，正是剽悍尚武的匈奴民族處于上升階段的意識形態的真實寫照。

匈奴的强大，直接威脅了中原漢王朝的安全，至漢武帝國力充沛時，于公元前一三三年發動了對匈奴的進攻，至公元前七一年的近六〇年時間，付出了『海内虚耗，户口減半』[67]的代價，才把匈奴征服。從此，漢朝開通西域，在青海高原設郡縣，統一滇、昆明等地。此後，由于在廣闊草原上大體處于穩定的和平發展階段，故這個時期所表現的各種動物紋，如雙馬、雙牛、雙駝、雙鹿（三鹿）及人物摔跤紋等，均以花草樹木爲襯托，表現動物悠閑自得的神態，呈現了和平的自然景觀。

大約到距今二〇〇〇年左右，北方地區進入全新世最後一個干燥期，鄂爾多斯地區出現了明顯的沙化[68]，可農耕的土地逐漸荒廢，漠北的自然環境更差，故匈奴于公元四八年分裂爲南北二部。南匈奴歸漢，駐牧于沿邊（長城）八郡，與從事農業的漢民族錯居雜處。公元九一年，北匈奴被漢朝與烏孫、丁零、烏桓、鮮卑聯合擊敗，被迫西遷。鮮卑乘機成扇形大規模南遷和西進，占據了匈奴故地。『匈奴餘種留者尚有十餘萬落，皆自號鮮卑。』[69]從此，匈奴文化的一部分被鮮卑繼承下來。

農業民族與游牧民族勢力消長變化與生態環境的變遷不無關係。因此，『長城這條有形的文化界線，乃自然和人文的混合産物，換言之，也就是氣候、植被和人類經濟活動所交織成的大文化之索，成爲草原游牧和定居農耕的分野。』[70]但是，豐富多彩的北方民族青銅文化，又顯示出長城地帶也是畜牧、游牧文化和中原文化相交融的地帶。可以説民族文化的交融，也是歷史發展的一種動力。

附注

① 俞偉超：《古代『西戎』和『羌』、『胡』考古學文化歸屬問題的探討》，《先秦兩漢考古學論集》，文物出版社，一九八五年。

② 內蒙古文物考古研究所：《內蒙古朱開溝遺址》，《考古學報》一九八八年三期。

③ 晉中考古隊：《山西婁煩、離石、柳林三縣考古調查》，《文物》一九八九年四期。

④ 張映文、呂智榮：《陝西清澗縣李家崖古城發掘簡報》，《考古與文物》一九八八年一期。

⑤ 北京大學考古系商周考古實習組、陝西省考古研究所商周研究室：《陝西綏德薛家渠遺址的試掘》，《文物》一九八八年六期。

⑥⑭ 郭大順：《遼河流域『北方式青銅器』的發現與研究》，《內蒙古文物考古》一九九三年八、九期合刊。

⑦ 陝西周原考古隊：《扶風劉家姜戎墓葬發掘簡報》，《文物》一九八四年七期。

⑧ 中國社會科學院考古研究所內蒙古工作隊：《赤峰藥王廟、夏家店遺址試掘報告》，《考古學報》一九七四年一期。

⑨ 中國社會科學院考古研究所東北工作隊：《寧城南山根的石槨墓》，《考古學報》一九七三年二期。寧城縣博物館和內蒙古文物考古研究所先後于一九八五年、一九九二年至一九九三年發掘了小黑溝遺址和墓地，獲得了重要發現。

⑩ 田廣金：《桃紅巴拉的匈奴墓》，《考古學報》一九七六年一期。

⑪ 田廣金、郭素新：《內蒙古阿魯柴登發現的匈奴遺物》，《考古》一九八〇年四期。

⑫ 伊克昭盟文物工作站、內蒙古文物工作隊：《西溝畔匈奴墓》，《文物》一九八〇年七期。

⑬ 內蒙古博物館、內蒙古文物工作隊：《內蒙古准格爾旗玉隆太的匈奴墓》，《考古》一九七七年二期。

⑭ 塔拉、梁京明：《呼魯斯太匈奴墓》，《文物》一九八〇年七期。

⑮ 內蒙古文物考古研究所：《涼城崞縣窯子墓地》，《考古學報》一九八九年一期。

⑯ 內蒙古文物工作隊：《毛慶溝墓地》，見《鄂爾多斯式青銅器》，文物出版社，一九八六年。

⑰ 北京市文物研究所山戎文化考古隊：《北京延慶軍都山東周山戎部落墓地發掘紀略》，《文物》一九八九年八期。

⑱ 張家口市文物事業管理所、宣化縣文化館：《河北宣化縣小白陽墓地發掘報告》，《文物》一九八七年五期。

⑲ 張家口市文物事業管理所：《張家口市白廟遺址清理簡報》，《文物》一九八五年一〇期。

⑳ 賀勇、劉建中：《河北懷來甘子堡發現的春秋墓群》，《文物春秋》一九九三年二期。

㉑ 鄭紹宗：《中國北方青銅短劍的分期及形制研究》，《文物》一九八四年二期。

㉒ 寧夏文物考古研究所等：《寧夏固原楊郎青銅文化墓地》，《考古學報》一九九三年一期。

㉓ 羅豐等：《寧夏固原近年發現的北方系青銅器》，《考古》一九九〇年五期。

㉔ 周興華：《寧夏中衛縣狼窩子坑的青銅短劍墓》，《考古》一九八九年一一期。

㉕ 寧夏博物館考古隊：《寧夏中寧縣青銅短劍墓清理簡報》，《考古》一九八七年九期。

㉖ 劉得禎等：《甘肅慶陽春秋戰國墓葬的清理》，《考古》一九八八年五期。

㉗ 許成等：《東周時期的戎狄青銅文化》，《考古學報》一九九三年一期；羅豐：《近年來以隴山爲中心甘寧地區春秋戰國時期北方青銅文化的發現與研究》，《內蒙古文物考古》一九九三年八、九期合刊。

㉘ 伊克昭盟文物站、內蒙古文物工作隊：《西溝畔漢代匈奴墓地調查記》，《內蒙古文物考古》創刊號，一九八一年。

㉙ 伊克昭盟文物站：《伊克昭盟補洞溝匈奴墓清理簡報》，《內蒙古文物考古》創刊號，一九八一年。

㉚ 寧夏文物考古研究所等：《寧夏同心倒墩子匈奴墓地》，《考古學報》一九八八年三期。

㉛ 寧夏文物考古研究所、同心縣文管所：《寧夏同心縣李家套子匈奴墓清理簡報》，《考古與文物》一九八八年三期。

㉜ 中國科學院考古研究所：《灃西發掘報告》，文物出版社，一九六二年。

㉝ 陝西省考古研究所：《陝西銅川棗廟秦墓發掘報告》，《考古與文物》一九八六年二期。

㉞ 青海省文物管理處考古隊：《青海大通上孫家寨的匈奴墓》，《文物》一九七九年四期。

㉟ B·B·瓦爾柯夫：《戈壁出土的青銅短劍》，《蘇聯考古學》一九六一年三期。

㊱ 北京市文物管理處：《北京地區的又一重要考古收獲》，《考古》一九七六年四期。

㊲ C·B·吉謝列夫：《南西伯利亞古代史》，莫斯科，一九五一年。

㊳ 賈鴻恩：《翁牛特旗大泡子青銅短劍墓》，《文物》一九八四年二期。

㊴ 內蒙古文物考古研究所等：《內蒙古克什克騰旗龍頭山遺址第一、二次發掘簡報》，《考古》一九九一年八期。

㊵ 秦安縣文化館：《秦安縣歷年出土的北方系青銅器》，《文物》一九八六年二期。

㊶ 朱捷元等：《陝西綏德墕頭村發現一批窖藏青銅器》，《文物》一九七五年二期。

㊷ 河北省文化局文物工作隊：《河北青龍縣抄道溝發現一批青銅器》，《考古》一九六二年一二期。

㊸ 郭勇：《石樓後蘭家溝發現商周銅器簡報》，《文物》一九六二年四、五期。

㊹ 新疆維吾爾自治區社會科學院考古研究所：《新疆古代民族文物》，文物出版社，一九八五年。

㊺ 錦州市博物館：《遼寧興城縣楊河發現青銅器》，《考古》一九七八年六期。

㊻ 中國社會科學院考古研究所：《殷墟婦好墓》，文物出版社，一九八〇年。

㊼ 林沄：《商文化青銅器與北方地區青銅器關係之再研究》，《考古學文化論集》（一），文物出版社，一九八

七年。

㊽ 中國文物精華編委會編：《中國文物精華》，文物出版社，一九九二年。

㊿ 甘肅省博物館展品。

51 53 56 杜正勝：《歐亞草原動物文飾與中國古代北方民族之考察》，《中央研究院歷史語言研究所集刊》第六十四本，第二分。一九九三年。

52 Ю·С·格里申：《塔加爾時代的生産》，《考古資料與研究》一九六〇年。

54 內蒙古自治區博物館、和林格爾縣文化館：《和林格爾縣另皮窰村北魏墓出土的金器》，《內蒙古文物考古》三期。

55 （美）埃爾迪·米克洛什兹：《遍及歐亞中部之匈奴釜及其岩畫形象》，『中國古代北方民族考古文化國際學術研討會』，呼和浩特，一九九二年。

57 瀋陽故宮博物館、瀋陽市文物管理辦公室：《瀋陽鄭家窪子的兩座青銅時代墓葬》，《考古學報》一九七五年一期。

58 遼寧省博物館、朝陽地區博物館：《遼寧喀左南洞溝石槨墓》，《考古》一九七七年二期。

59 65 華覺明等：《中國冶金史論集》，文物出版社，一九八六年。

60 北京科技大學韓汝玢、美國丹佛藝術博物館埃瑪·邦克：《表面富錫的鄂爾多斯青銅飾品的研究》，《文物》一九九三年九期。

61 N·D. Meeks:『Tin-rich Surtaces on Brorze-Some Experimental and Archaeol-oqical Considera-tions』Archaeometry Vo1. 28, Part2, August 1986.

62 R.F. Tylecte:『The Apparent Tinning of Bronze Axes and Artetacts』. J. Hist. Meeall. Soc, 19(2), 1985.

63 J. Rawson & E. Bunker:《Ancient Chinese and Ordos Bronzes》, Hong Kong, 1990.

64 （美）諾爾·亞當斯：《失織失蠟法——鄂爾多斯帶飾和阿瓦時代帶飾的研究》，『中國古代北方民族考古文化國際學術研討會』，呼和浩特，一九九二年。

66 田廣金、史培軍：《中國北方長城地帶環境考古學的初步研究》，中國考古學會第八屆年會，呼和浩特，一九九一年。

67 《漢書·昭帝紀》

68 史培軍：《地理環境演變研究的理論與實踐——鄂爾多斯地區晚第四紀以來地理環境演變研究》，科學出版社，一九九一年。

69 《後漢書·烏桓鮮卑列傳》。

70 陳正祥：《中國文化地理》，三聯書店，一九九三年。

圖版

一　環首短劍　商前期

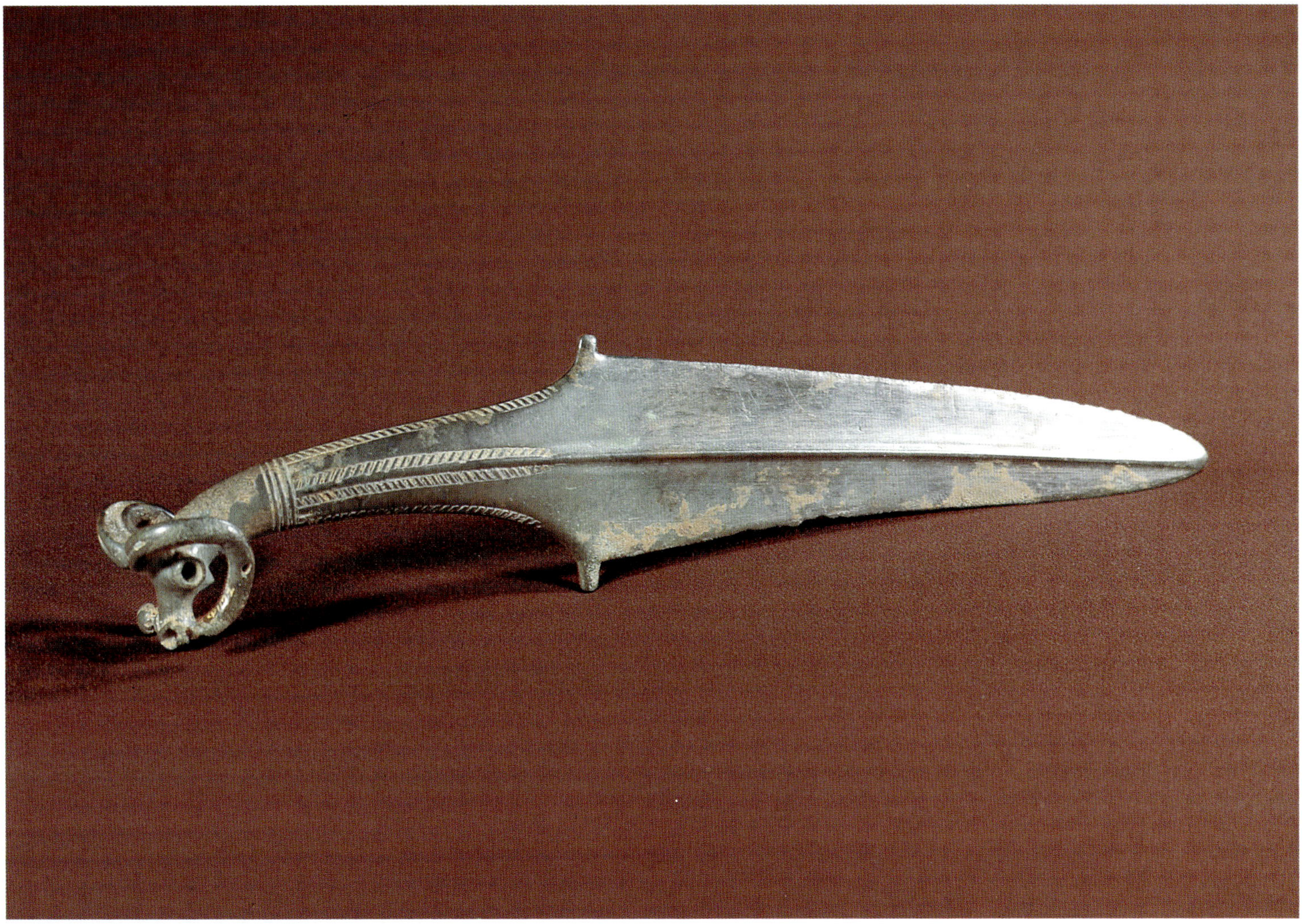

三　羊首曲柄短劍　商後期

二　鈴首曲柄短劍　商後期

四　雙渦紋首短劍　西周晚期至春秋早期

五、六　鹿紋柄短劍　西周晚期至春秋早期

七、八　獸首短劍　西周晚期至春秋早期

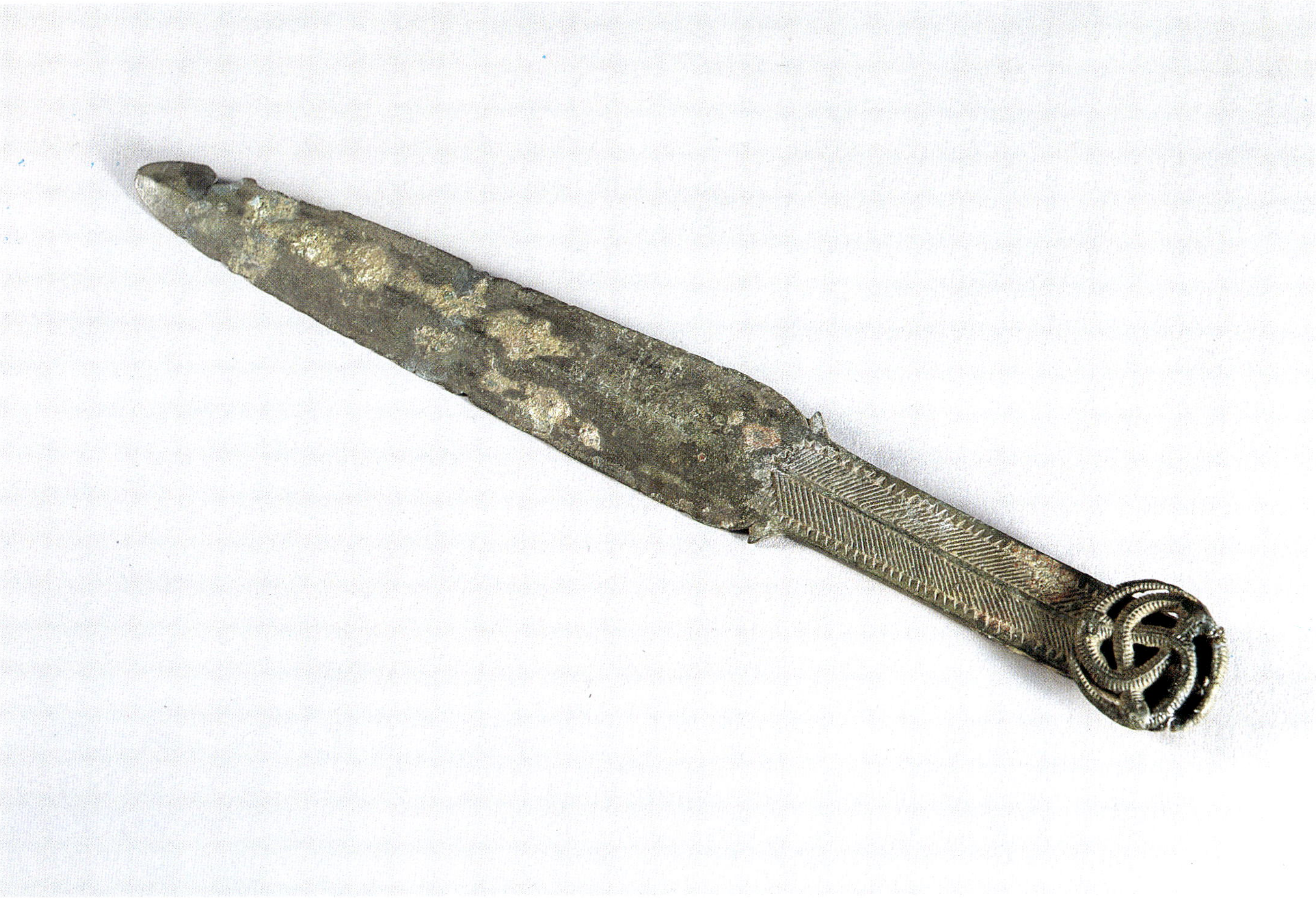

九　三蛇首短劍　西周晚期至春秋早期

一〇　動物紋短劍　西周晚期至春秋早期

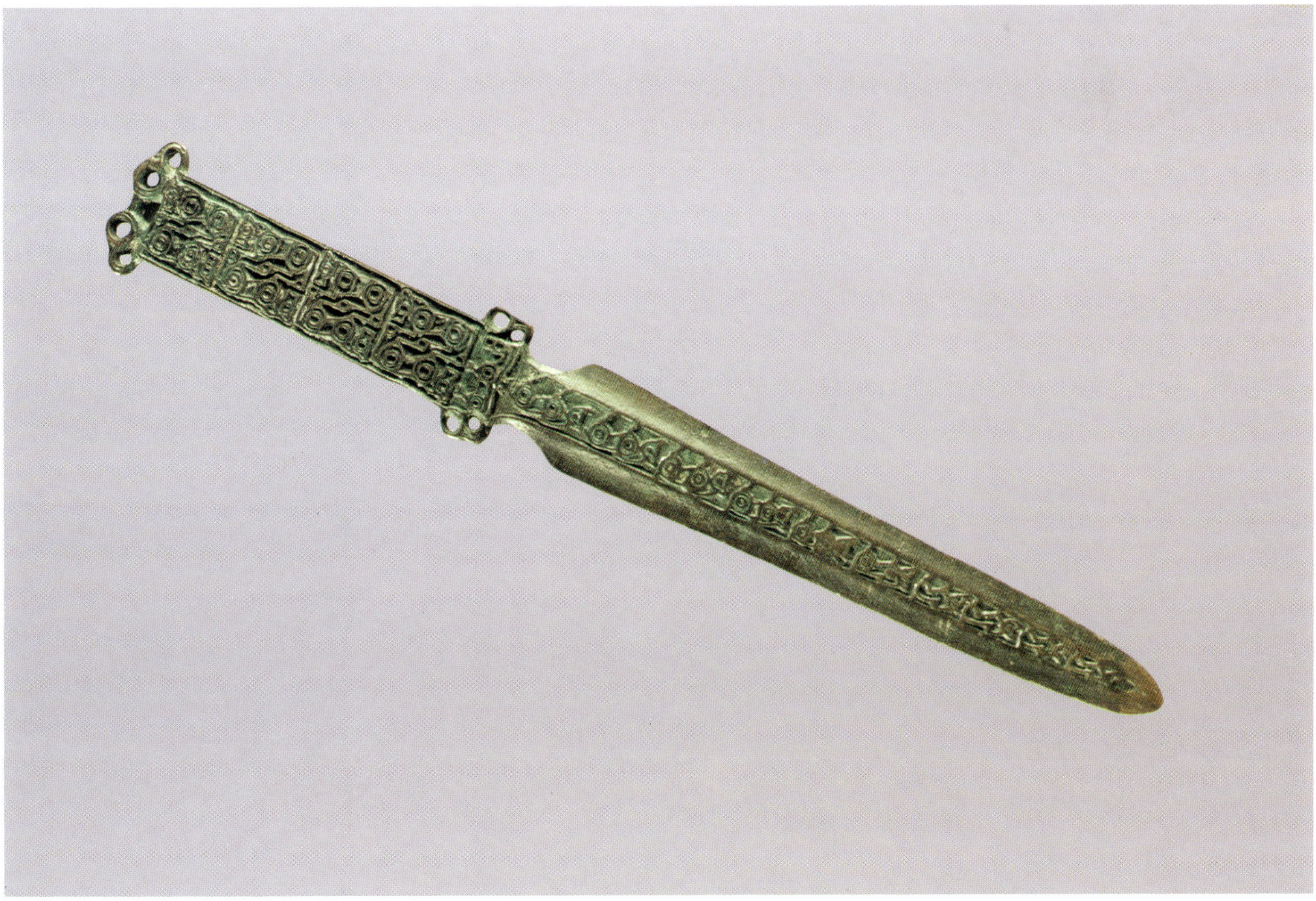

一二　雙熊首短劍　春秋早期

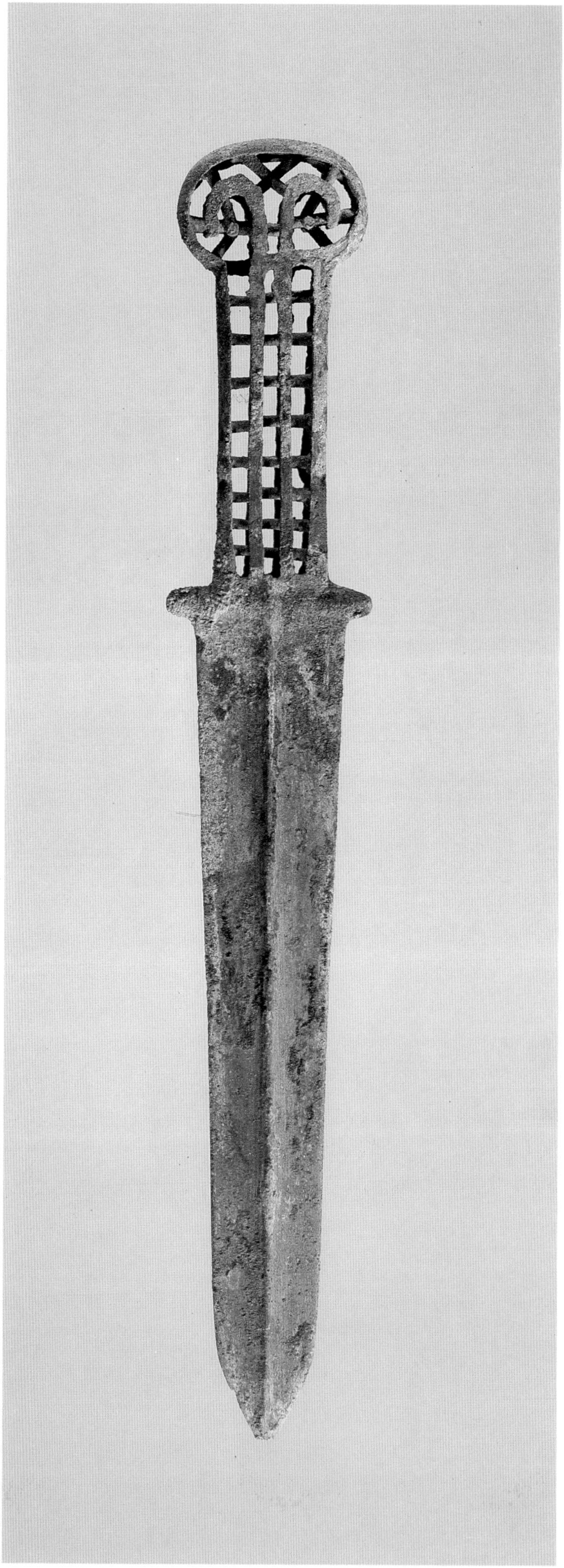

一一　雙羊首短劍　春秋早期

一四　動物紋首短劍　春秋中期

一三　雙環首短劍　春秋早期

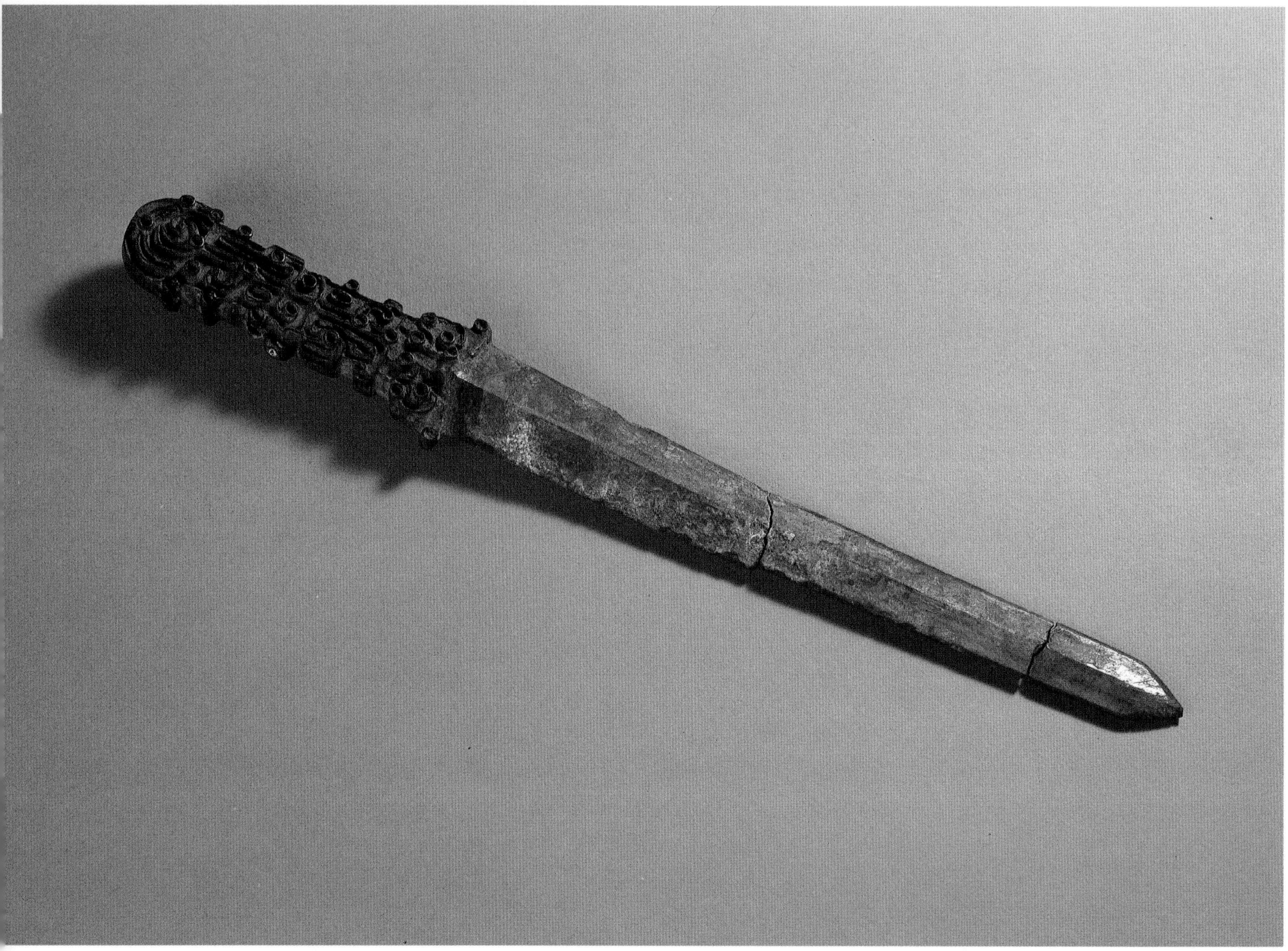

一五　鏤空嵌石柄短劍　春秋晚期

一六　獸首短劍　春秋晚期

一七　雙環蛇首短劍　春秋晚期

二〇　雙虎首短劍　春秋晚期

二一　雙鳥首短劍　春秋晚期至戰國早期

二二　雙鳥首短劍　春秋晚期

二三、二四　雙獸首短劍　春秋晚期至戰國早期

二五、二六　雙獸首短劍　戰國

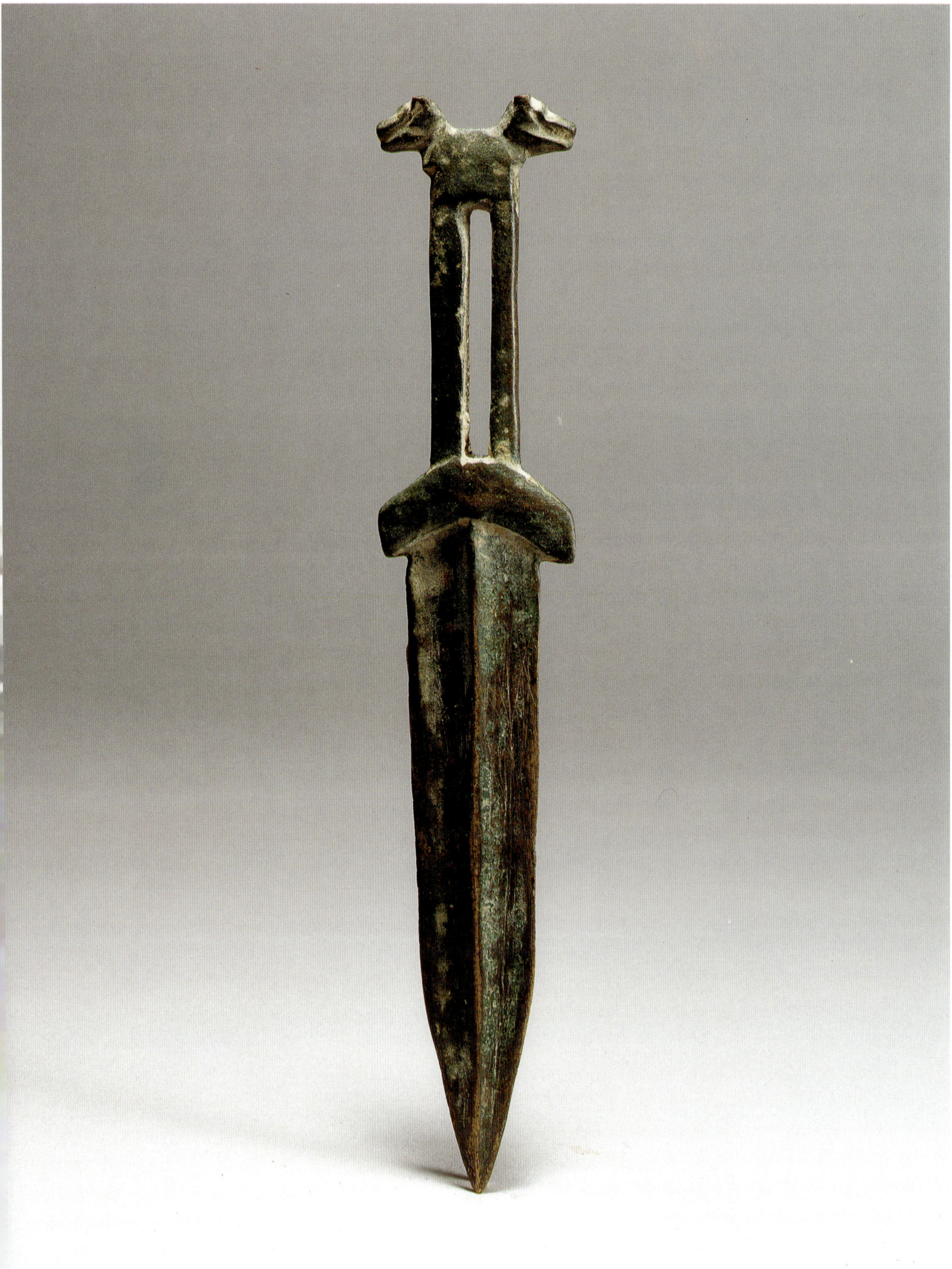

二七　雙獸首短劍　戰國

二八　圓餅首短劍　戰國

二九　銎柄長劍　西周晚期至春秋早期

三〇　雙聯鞘銎柄曲刃長劍　西周晚期至春秋早期

一、三二　立人柄曲刃劍　西周晚期至春秋早期

三三　卧虎柄曲刃劍　西周晚期至春秋早期

三四　三角線紋柄曲刃劍　西周晚期至春秋早期

三五　T形柄曲刃劍　西周晚期至春秋早期

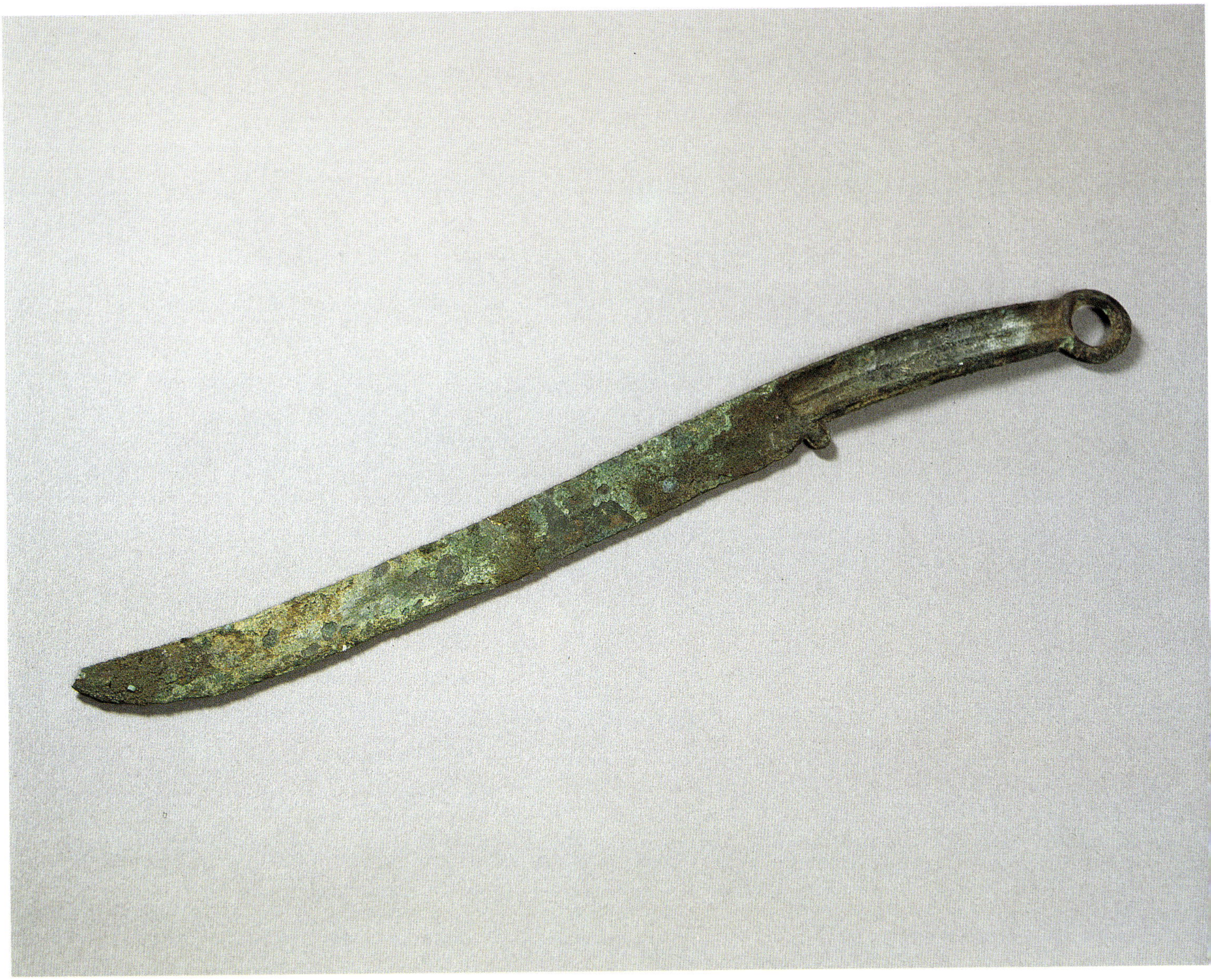

三六　環首刀　商前期

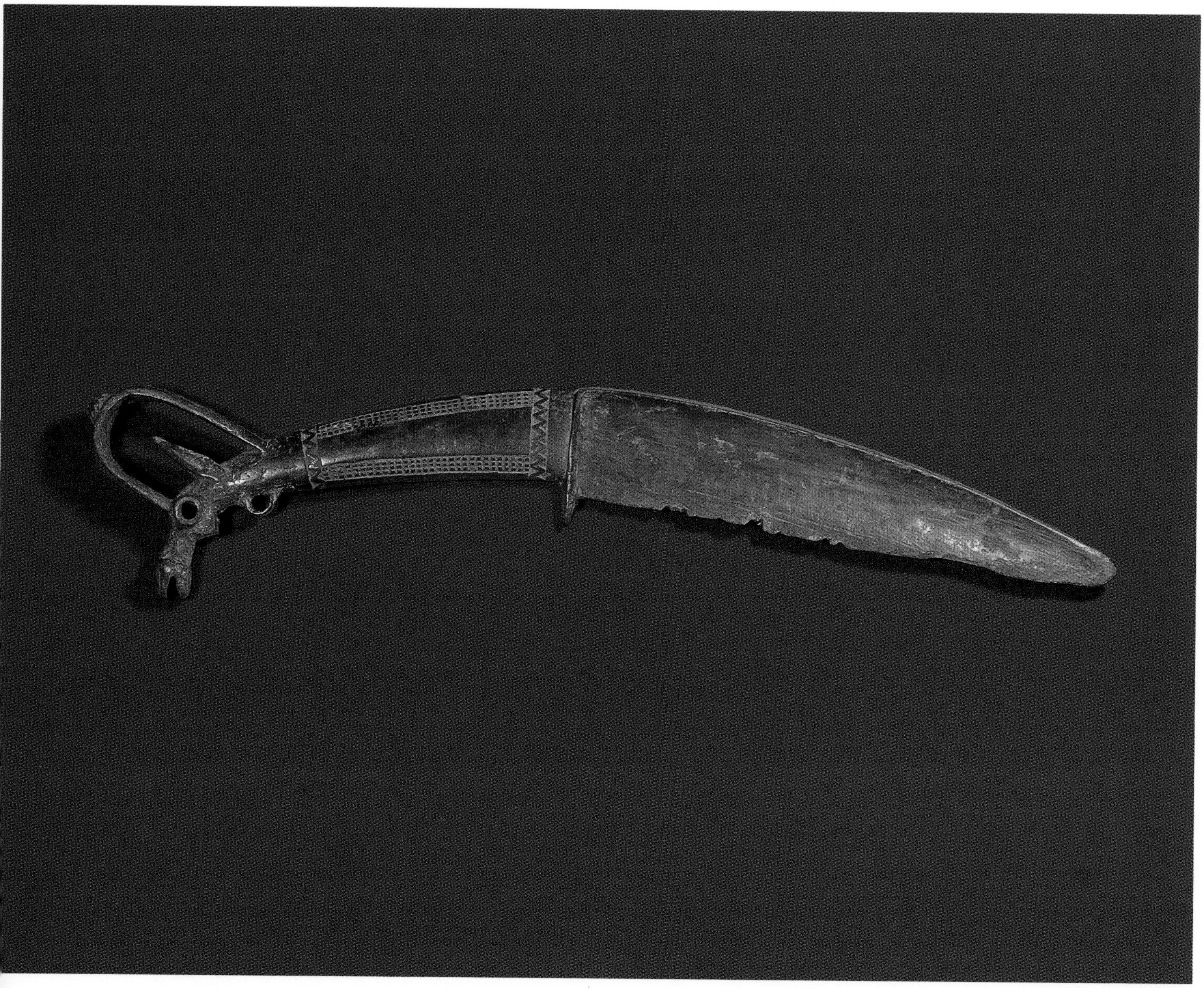

三七　鹿首彎刀　商後期

三八．獸首刀　商後期

三九　刀　西周至春秋

四〇　刀　西周晚期至春秋早期

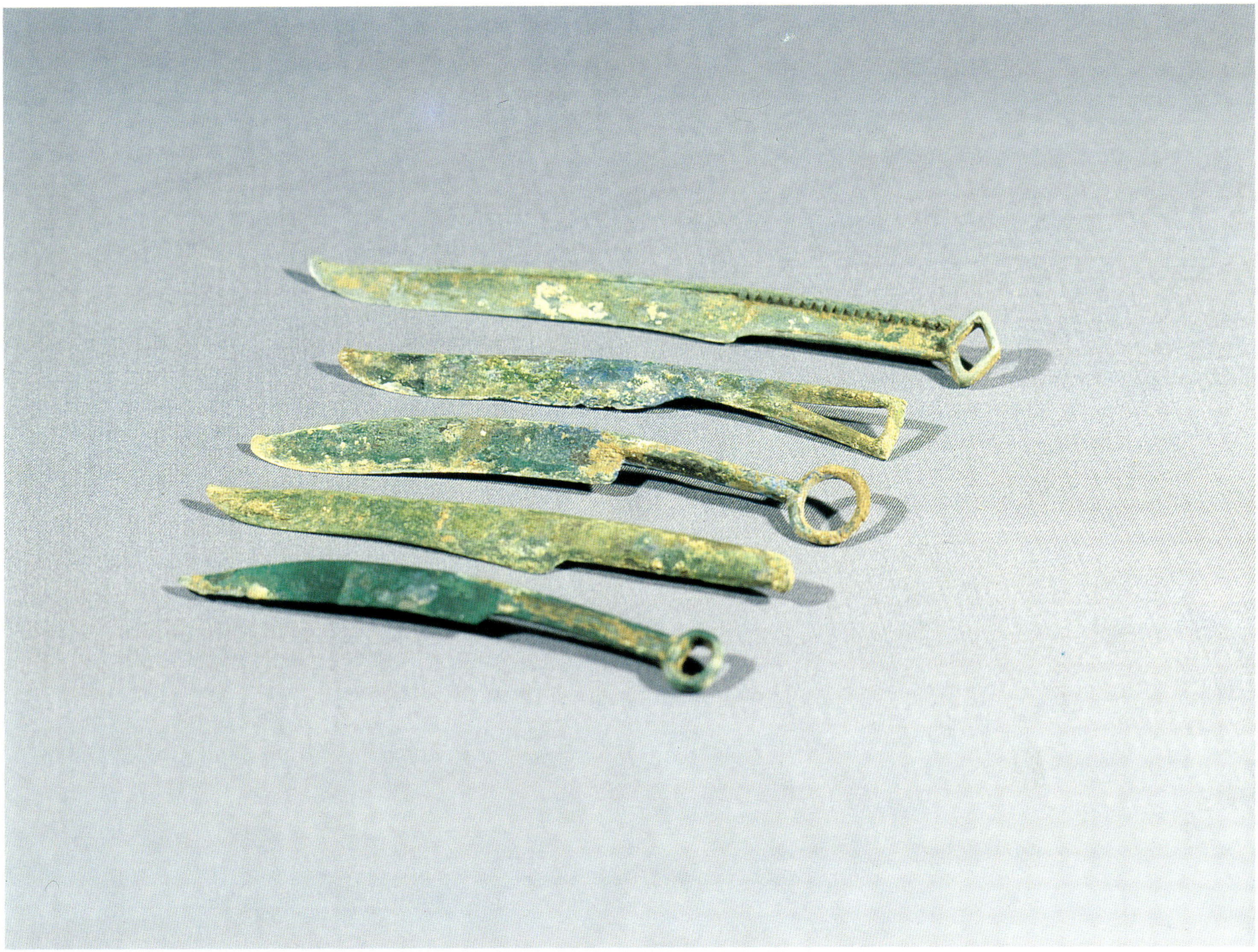

四二　刀　春秋

四三　鈴首刀　西周晚期至春秋早期

四四　佇立虎首刀　西周晚期至春秋早期

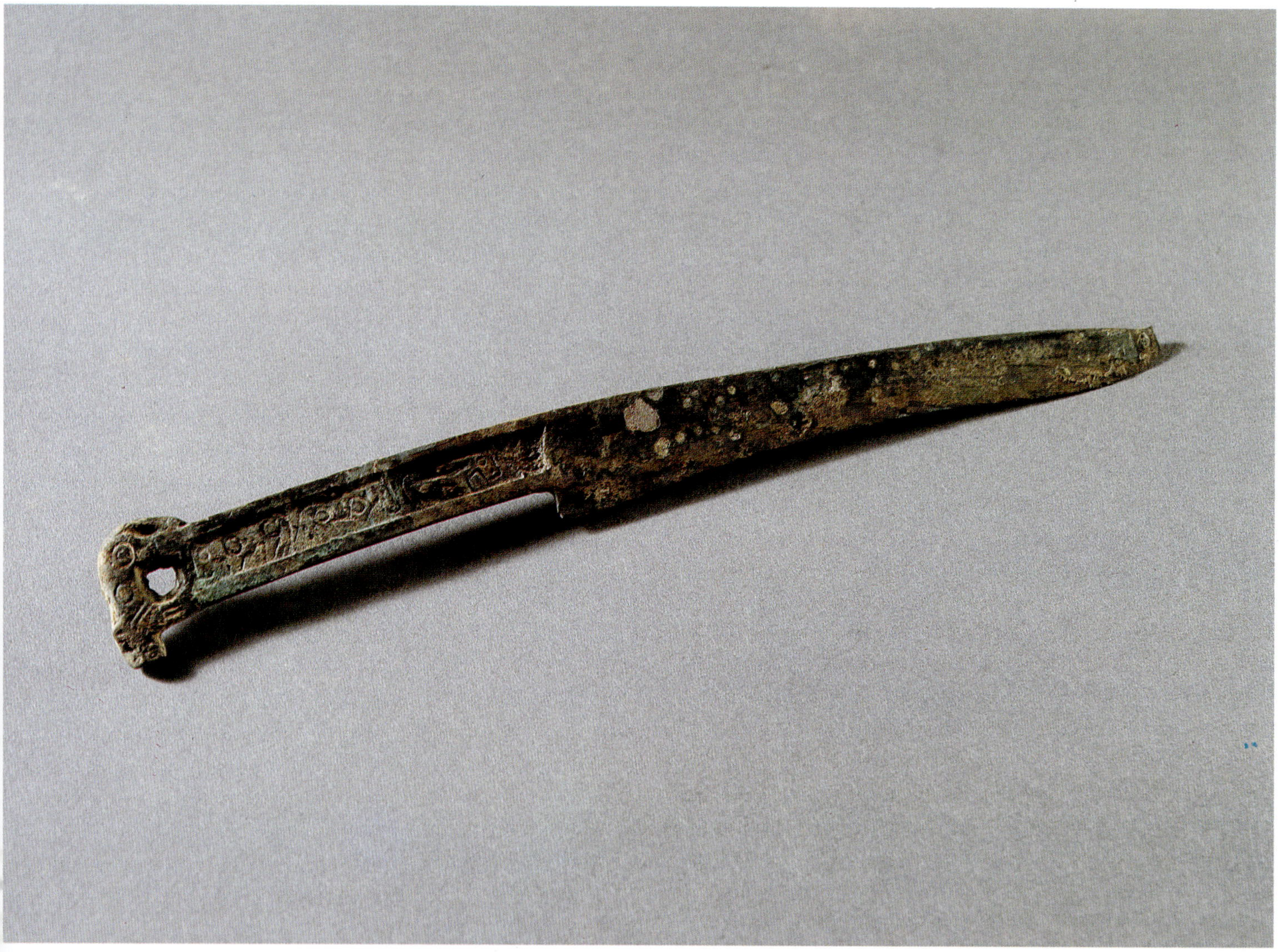

四五　佇立馬首刀　西周晚期至春秋早期

四六　雙獸頭環首刀　西周晚期至春秋早期

四七　鹿紋柄環首刀　西周晚期至春秋早期

四八　刀鞘　西周晚期至春秋早期

四九　鹵柄長刀　西周晚期至春秋早期

五〇　骨柄刀　西周晚期至春秋早期

五一　鳥首刀　春秋

五二　環首刀　戰國

五三　虎紋直內戈　商前期

五四　銎內戈　西周晚期至春秋早期

五五　管銎斧　西周晚期至春秋早期

五六　管銎斧　戰國

五七　矛頭形管銎斧　西周晚期至春秋早期

五八　七孔管銎鉞　商後期

五九　三孔管銎鉞　商後期

六〇　管銎鉞　西周晚期至春秋早期

六一　鶴嘴斧　春秋晚期

六二　鶴嘴斧　春秋晚期至戰國早期

六三　鋬　商前期

六四　盔　西周晚期至春秋早期

六五　人面紋護胸牌飾　西周晚期至春秋早期

六六　羊首匕　商後期

六七　蛇首匕　商後期

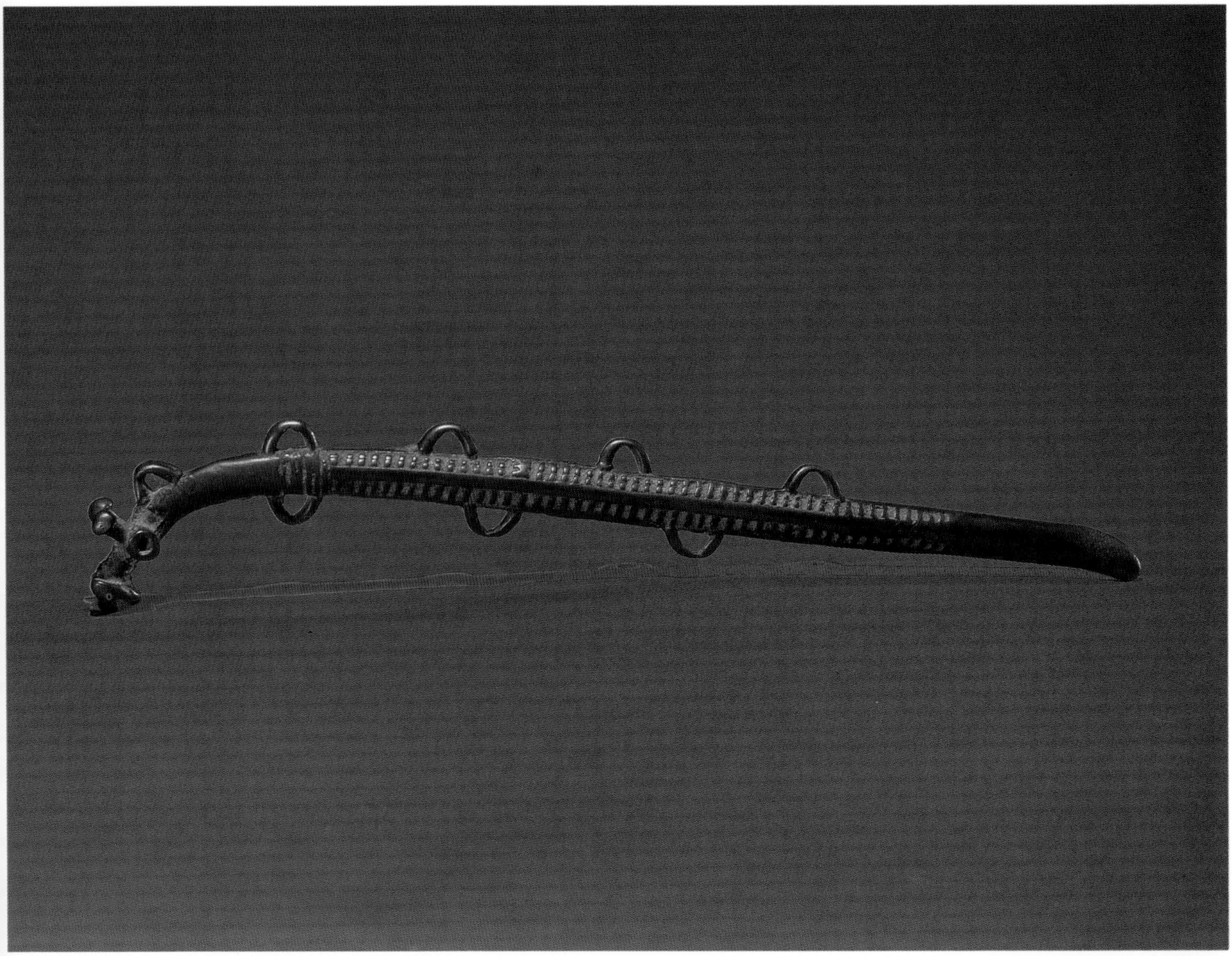

六八　龍首匕　商後期

六九　錐　西周

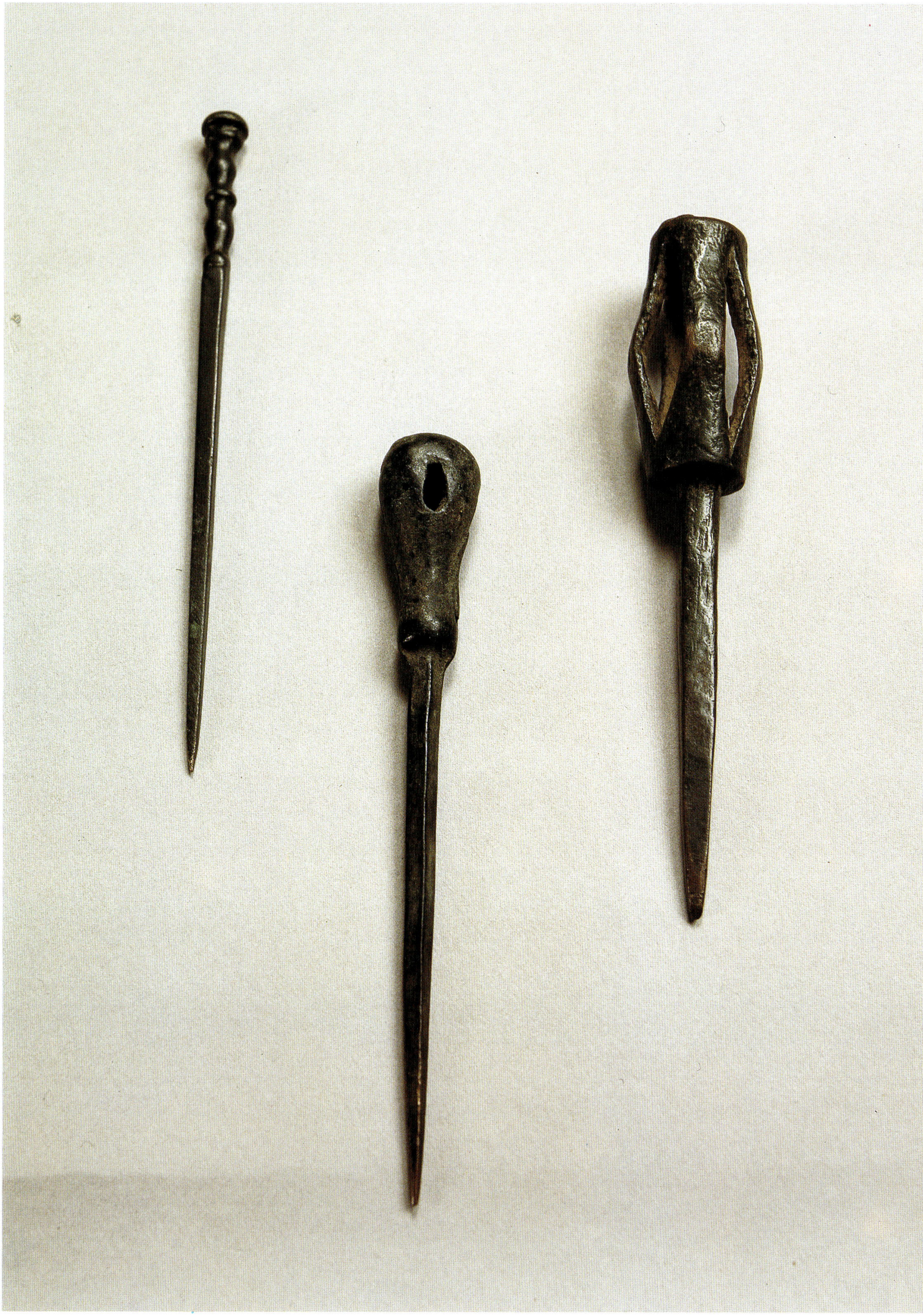

七〇　鈴首錐　西周
晚期至春秋早期

七一　錐形器　西周
晚期至春秋早期

七二　觿　西周晚期至春秋早期

七三　觿　春秋至戰國

七四　觿　春秋至戰國

七五　夔龍紋帶鈎　春秋早期

七六　瑞獸形帶鈎　春秋早期

七七　鳥形帶鈎　春秋中期

七八　螭虎形帶鈎　春秋晚期至戰國早期

七九　虎噬蜥蜴形帶鈎、腰帶　戰國

八〇　鳥獸紋帶鈎　戰國

八一　鳥形帶扣　春秋

八二　鳥形帶扣　春秋晚期

八三　環狀帶扣、圓環　春秋晚期

八四　帶扣　戰國

八五　卧獸紋帶扣　春秋晚期至戰國早期

八六　雙獸搏鬥紋帶扣　戰國

八七　雙虎紋帶扣　戰國

八八　虎噬羊紋帶扣　戰國

八九　雙豹紋帶扣　戰國

九〇　牛首紋帶扣　西漢

九一　鹿紋帶飾　漢

九二　騎士行獵紋帶飾　西漢

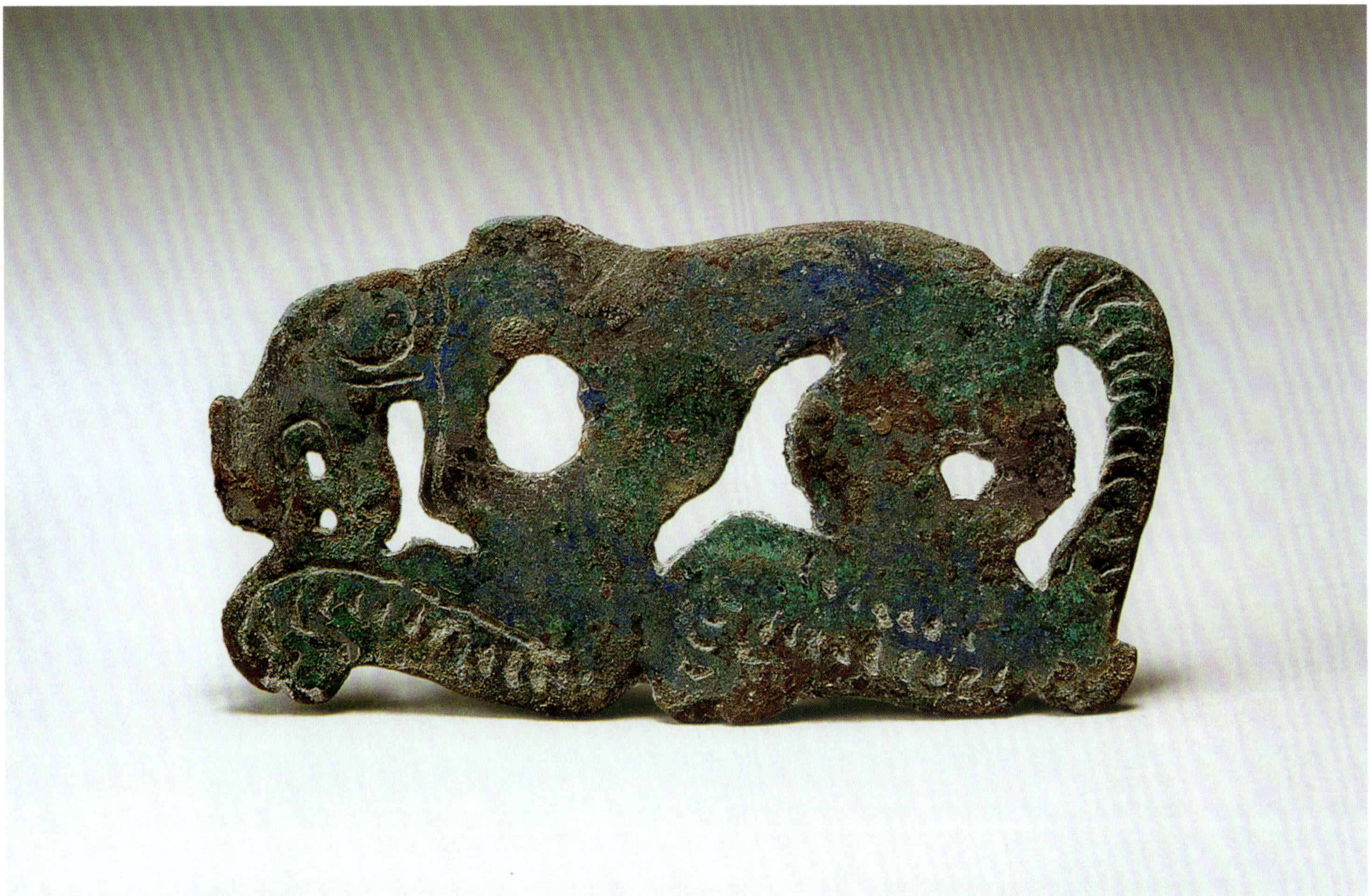

九三　虎紋帶飾　春秋晚期

九四　虎紋帶飾　戰國早期

九五　虎紋帶飾　戰國早期

九六　虎噬獸紋帶扣　戰國

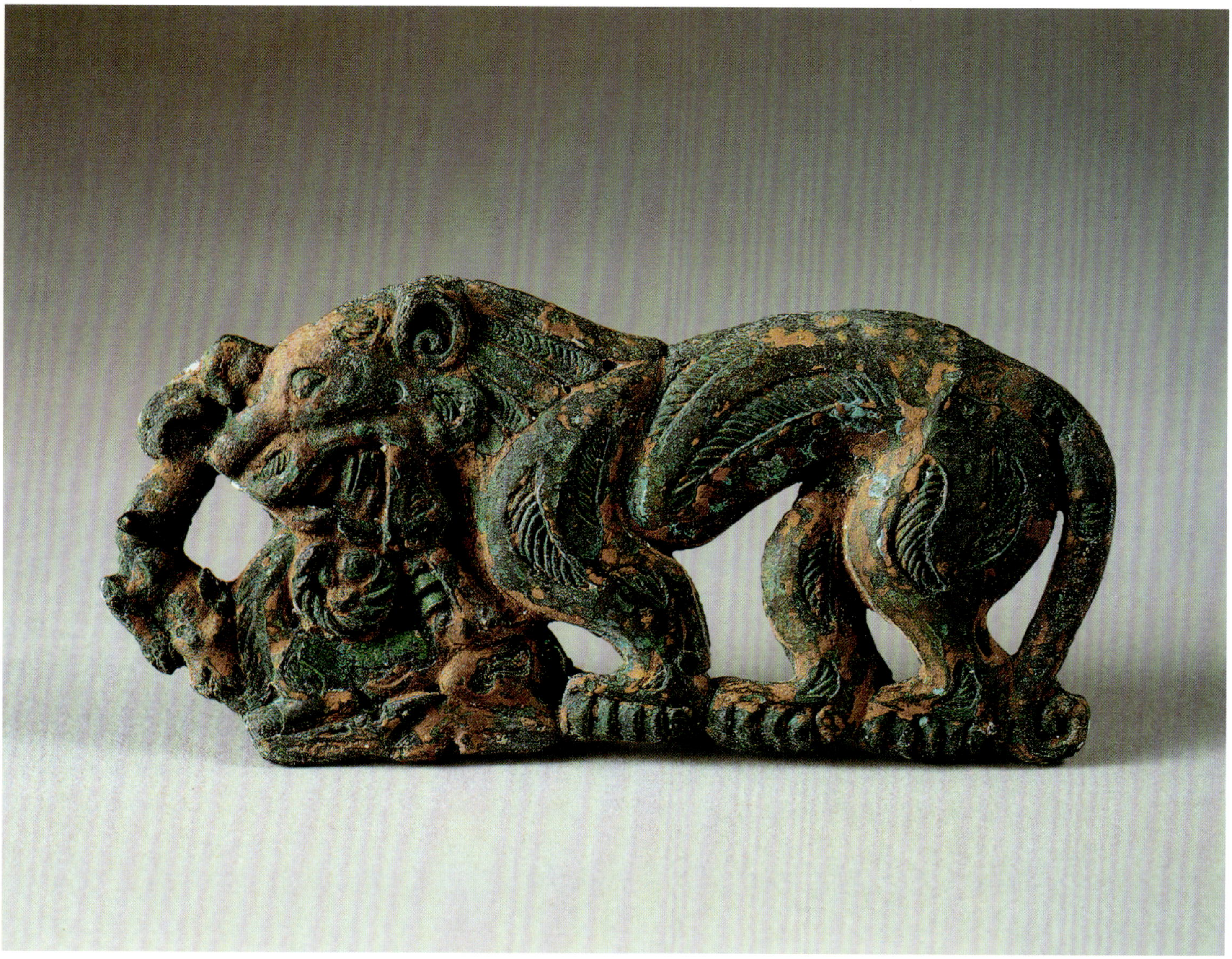

九七　虎噬羊紋帶扣　戰國

九八　虎噬羊紋帶扣　戰國

九九　虎紋帶飾　戰國

一〇〇　虎噬羊紋帶飾　戰國

一〇一　虎噬鹿紋帶飾　戰國

一〇二　鎏金卧牛紋帶飾　戰國

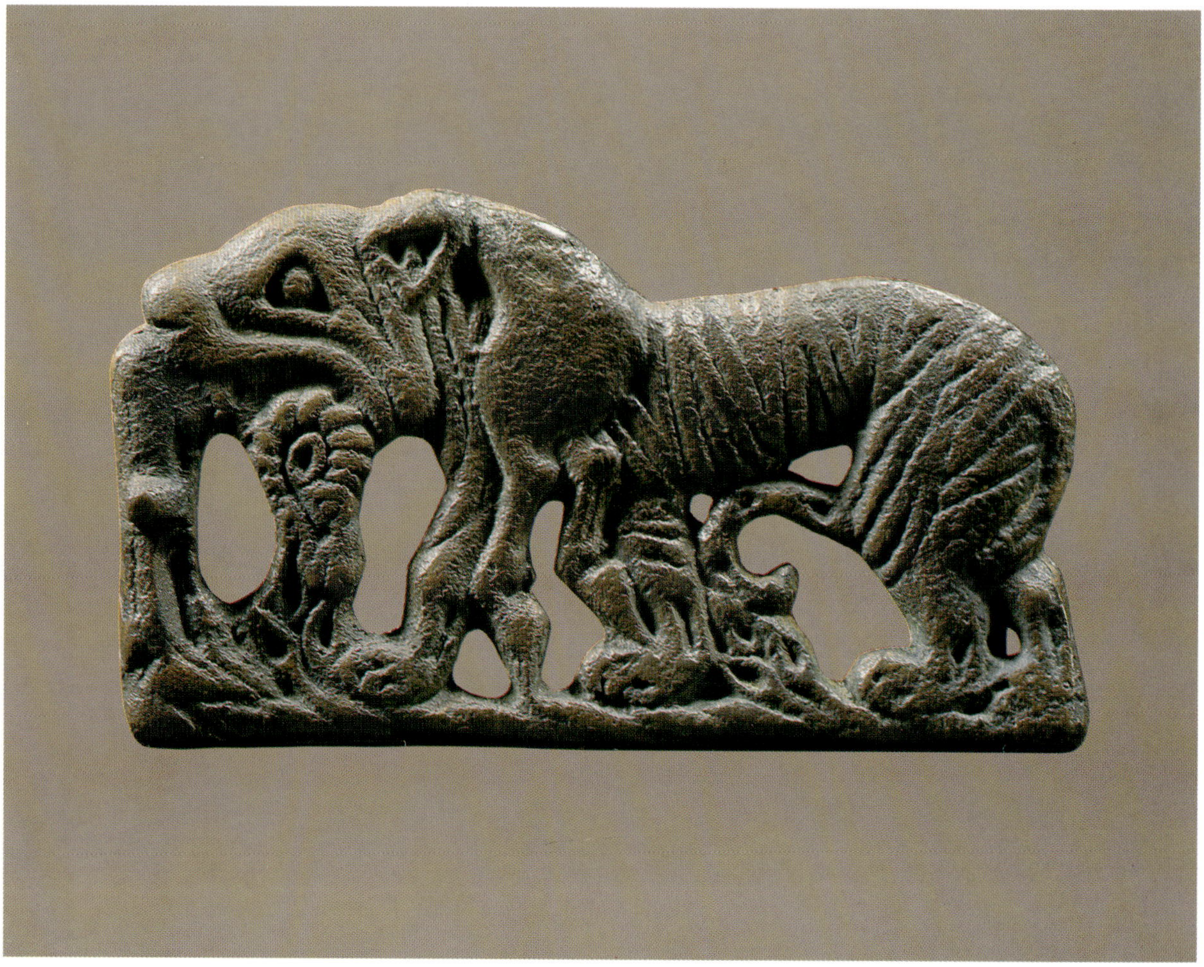

一〇三　虎噬羊紋帶扣　戰國

一〇四　虎噬馬紋帶飾　戰國

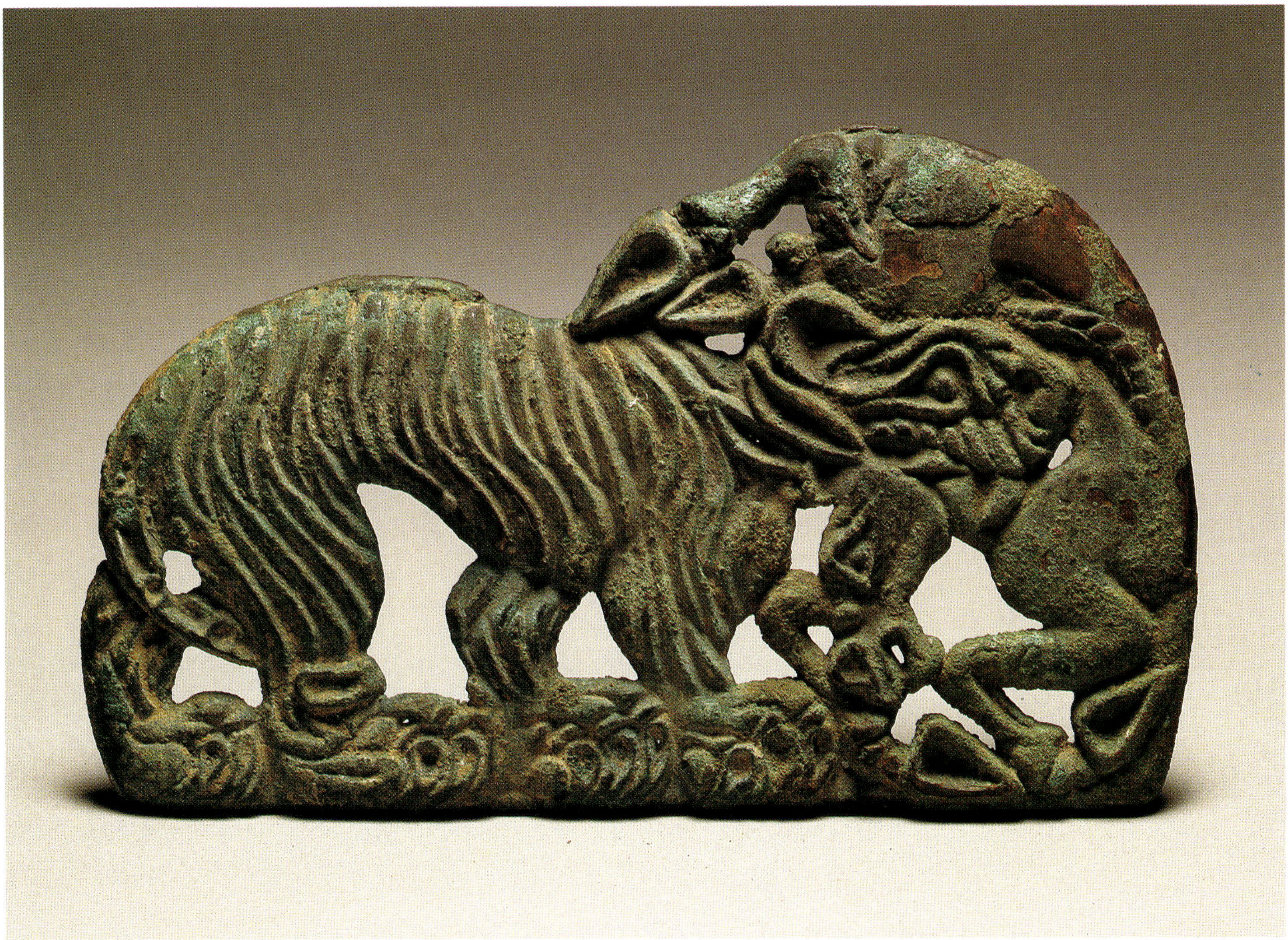

一〇五　虎噬驢紋帶飾　戰國

一〇六　騎士捉俘紋帶飾　西漢

一〇七　獸犬相搏紋帶飾　西漢

一〇八　鎏金神獸紋帶飾　西漢

一〇九　三獸紋帶飾
西周晚期至春秋早期

一一〇　虎紋帶飾　春秋晚期

一一一　鎏金虎紋帶飾　戰國

一一二　雙龍紋帶飾　漢

一一三　牛紋帶飾　西漢

一一四　雙駝紋帶飾　西漢

一一五　雙駝紋帶飾　西漢

一一六　鎏金雙駝紋帶飾　西漢

一一七　雙牛紋帶飾　西漢

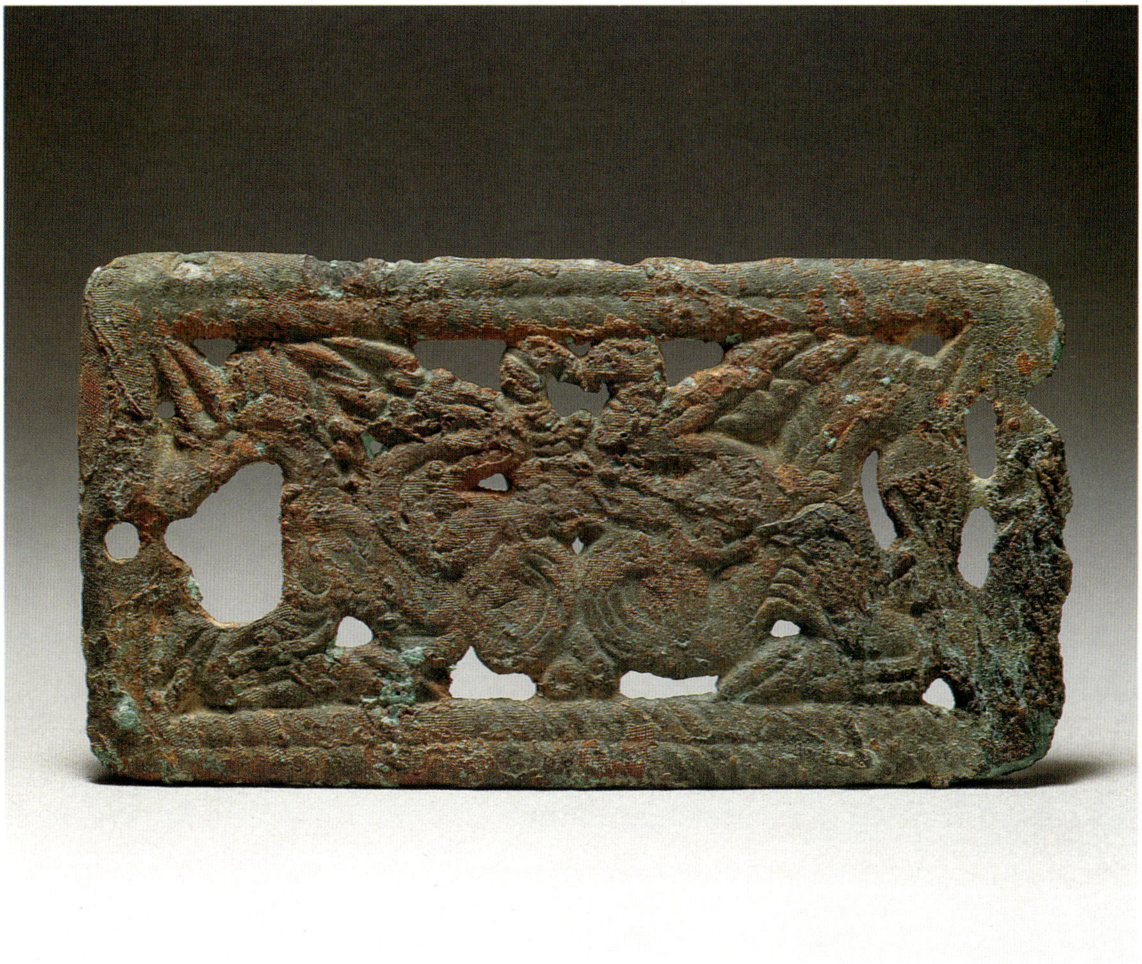

一一八　雙馬紋帶飾　西漢

一一九　雙獸紋帶飾　西漢

一二〇　雙龍紋帶飾　西漢

一二一　幾何紋帶飾　西漢

一二二　雙羊紋帶飾　西漢

一二三　雙鹿紋帶飾　漢

一二四　鎏金神獸紋帶飾　漢

一二五　雙鳥形飾　春秋晚期

一二六　雙鳥形飾　春秋晚期至戰國早期

一二七　雙鳥形飾　春秋晚期至戰國早期

一二八　雙鳥紋飾牌　春秋晚期至戰國早期

一二九　雙鳥紋飾牌　春秋晚期至戰國早期

一三〇　雙豹形飾　春秋晚期至戰國早期

一三一　雙豹形飾　西周晚期至春秋早期

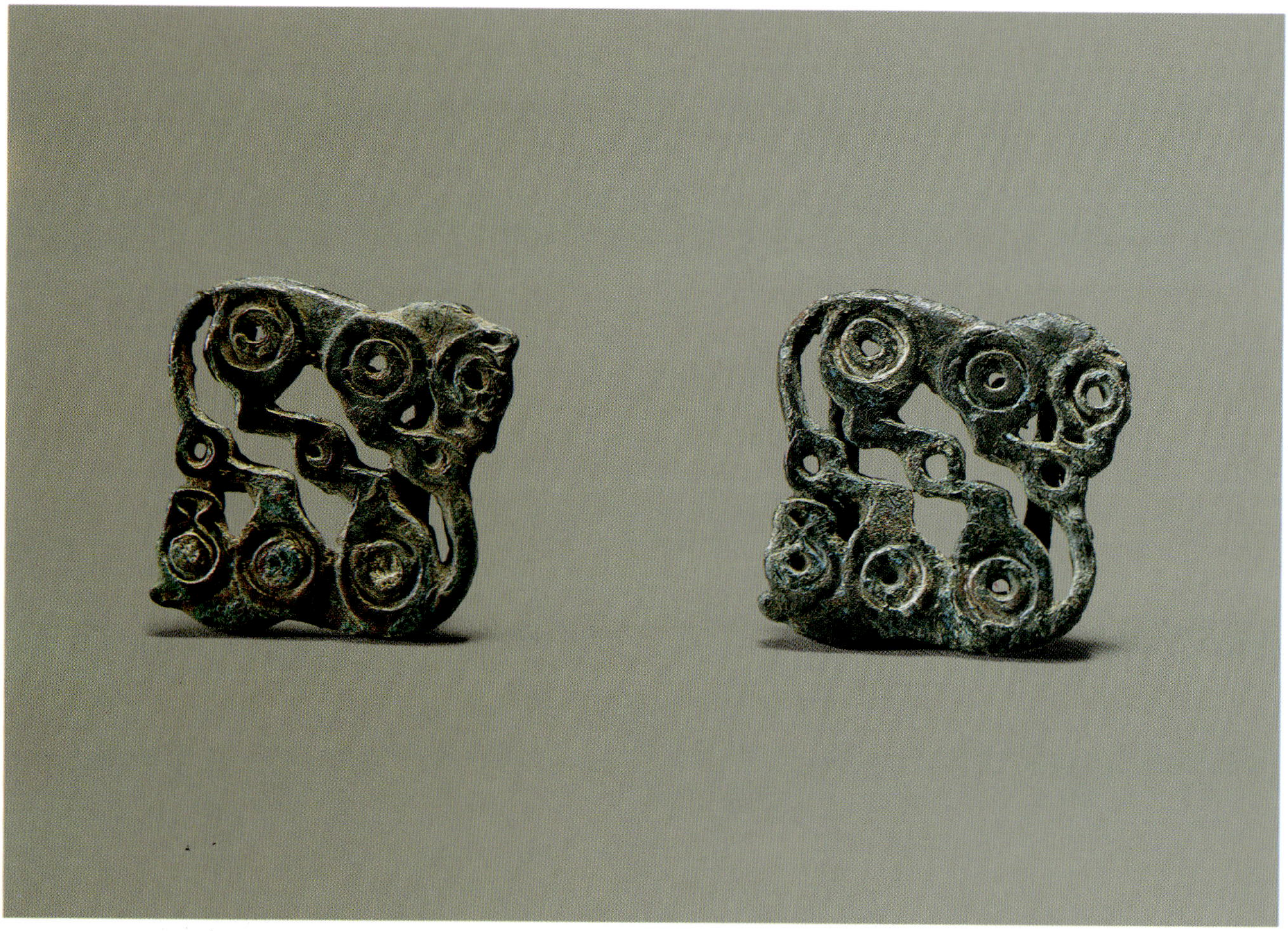

一三二　雙豹奪鹿形飾　戰國

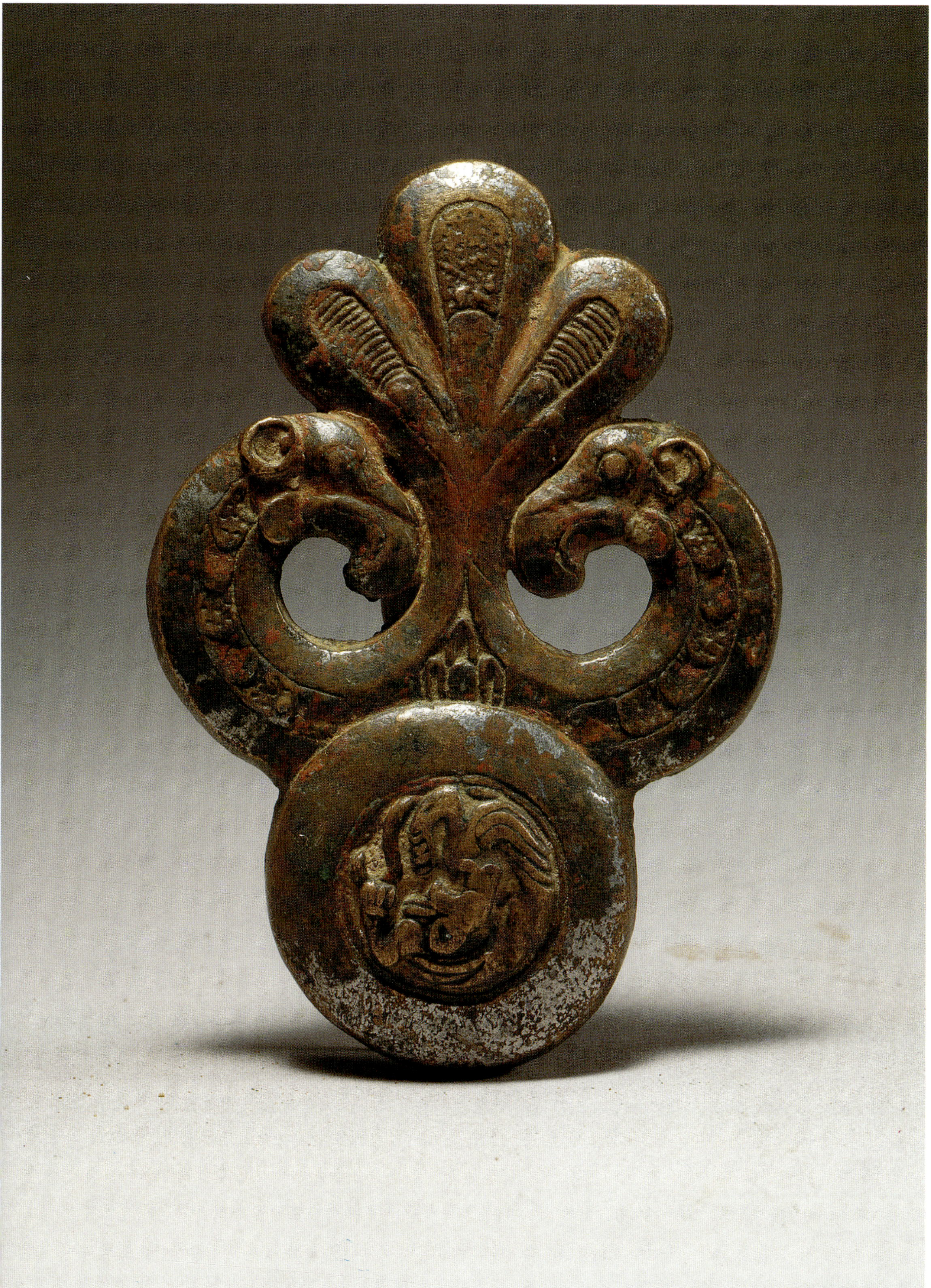

一三四　卧羊紋飾牌　漢

一三三　雙鳥形飾牌　戰國

一三五　鳥頭形飾　春秋晚期

一三六　四鳥頭形飾　春秋晚期

一三七　獸頭形飾　春秋晚期

一三八　牛頭形飾　春秋晚期至戰國早期

一三九　獸頭形飾　春秋晚期至戰國早期

一四〇　獸頭形飾　春秋晚期至戰國早期

一四一、一四二　雙珠獸頭形飾　春秋晚期至戰國早期

一四三　獸頭形飾　春秋晚期至戰國早期

一四四　獸頭形飾　春秋晚期至戰國早期

一四五　動物紋扣形飾
春秋晚期至戰國

一四六　豹紋扣形飾
春秋晚期至戰國早期

一四七　帶鏈豹形飾　西周晚期至春秋早期

一四八　彎曲豹形飾　春秋晚期至戰國早期

一四九　虎形飾　春秋晚期至戰國早期

一五○　鹿形飾　春秋晚期至戰國早期

一五一　鹿紋長方形飾　春秋晚期至戰國早期

一五二　鹿形垂飾　春秋晚期

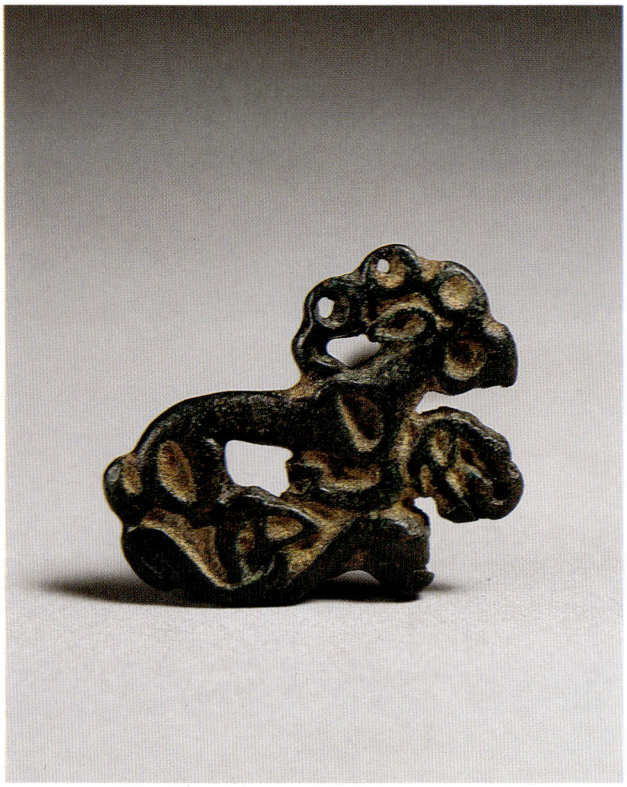

一五三　鹿形垂飾　春秋晚期

一五四　鹿形飾　春秋晚期

一五五　動物形垂飾　春秋晚期

一五六　動物形飾　春秋晚期

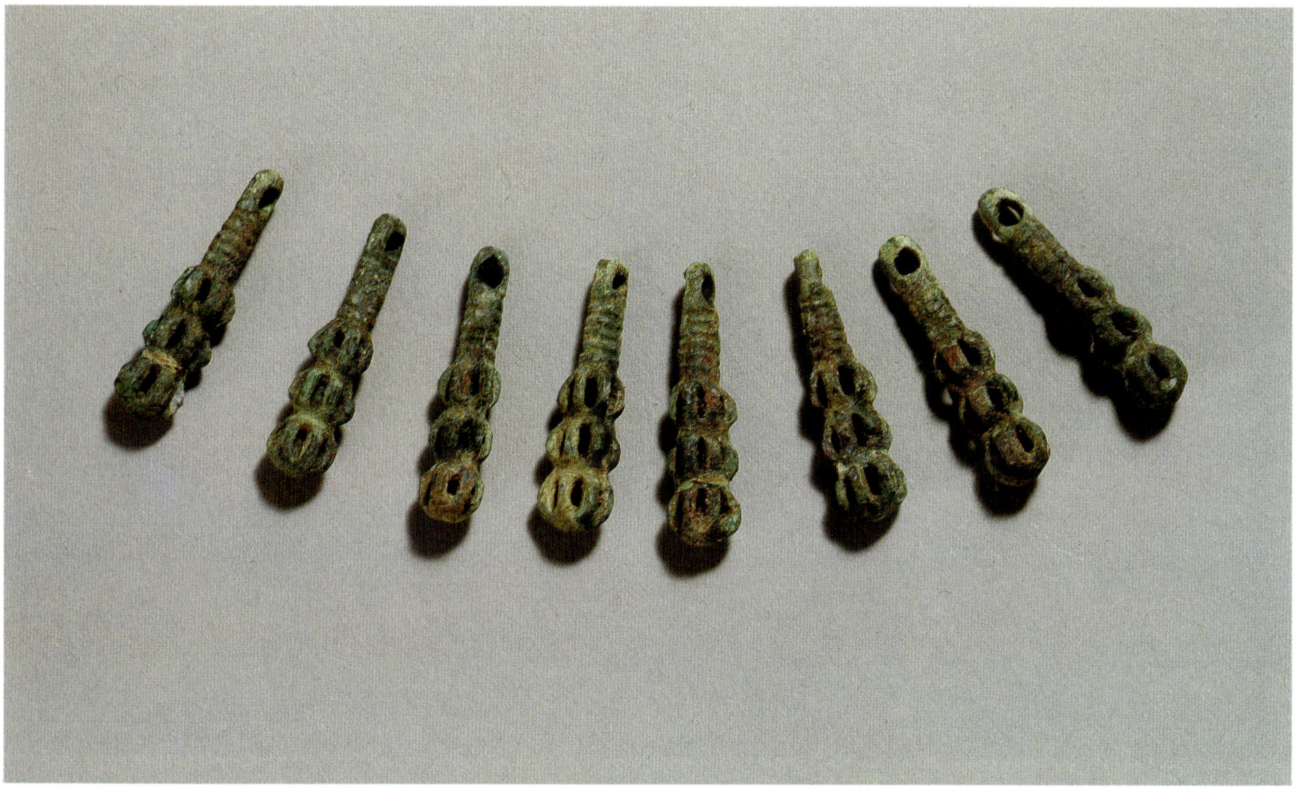

一五七　聯珠狀垂飾　春秋晚期至戰國早期

一五八　鈴形垂飾　春秋晚期至戰國早期

一五九　雙鹿形飾　西周晚期至春秋早期

一六〇　雙鹿形飾　戰國

一六一　佇立馬形飾　西周晚期至春秋早期

一六二　佇立馬形飾　西周晚期至春秋早期

一六三　卧虎形飾　西周晚期至春秋早期

一六四　帶鏈豹形飾　西周晚期至春秋早期

一六五　虎形飾　春秋晚期至戰國早期

一六六　帶環虎形飾　春秋晚期至戰國早期

一六七　虎形飾　春秋晚期

一六八　馬形飾　春秋早期

一六九　佇立馬形飾　西漢

一七二　卧鹿形飾　戰國

一七〇　鹿形飾　西周早期

一七一　卧鹿形飾　戰國

一七三　鹿首勺　商後期

一七四　蛇蛙首勺　商後期

一七五、一七六　羊首勺　商後期

一七七　祖柄勺　西周晚期至春秋早期

一七八　祖柄勺　西周晚期至春秋早期

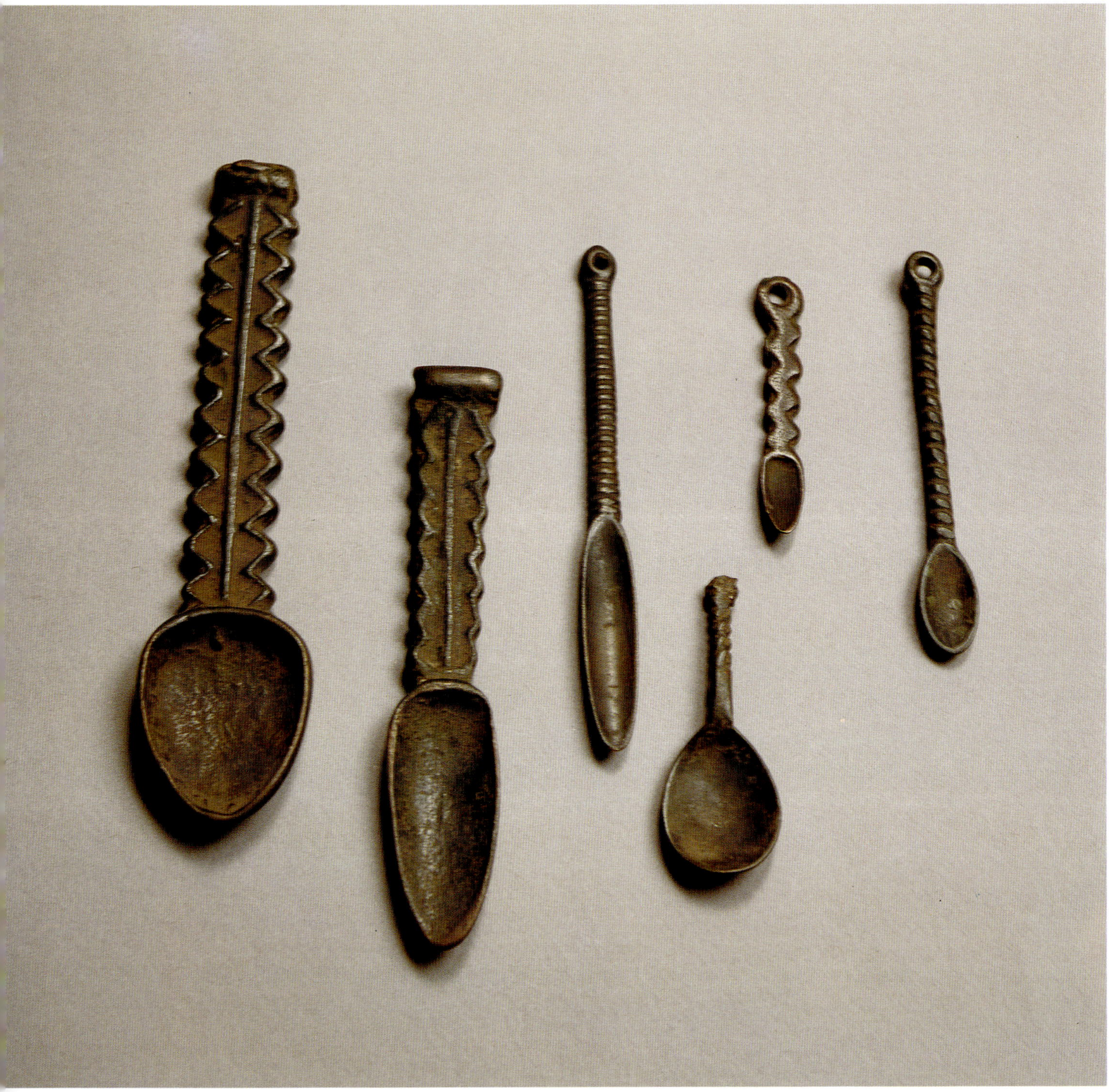

一七九　勺　西周至春秋

一八一　豎線紋簋　商後期

一八二　夔鳳紋簋　西周

一八三　獸足簋　西周晚期至春秋早期

一八四、一八五　滕盉　西周晚期至春秋早期

一八六、一八七　刖刑方鼎　西周晚期

一八八　獸頭形雙耳鬲　西周晚期至春秋早期

一八九　獸形雙耳鬲　西周晚期至春秋早期

一九〇　重環紋匜　西周晚期至春秋早期

一九一　蟠虺紋匜　春秋晚期至戰國早期

一九二　獸頭形匜　春秋晚期至戰國早期

一九三　鳳鳥紋罍　春秋晚期至戰國早期

一九四　蟠螭紋罍　春秋晚期至戰國早期

一九五　白侯盤　春秋晚期至戰國早期

一九六　聯體豆　西周晚期至春秋早期

一九七　豆形器　西周晚期至春秋早期

一九八　乳釘紋蓋豆　春秋晚期至戰國早期

一九九　瓦棱紋雙聯罐　西周晚期至春秋早期

二〇〇　鼓形器　西周晚期至春秋早期

二〇一　壶　西周晚期至春秋早期

二〇二、二〇三　提梁壺　春秋晚期至戰國早期

二〇四、二〇五　壶　戰國

二〇七　鍑　漢

二〇六　鍑　漢

二〇八　馬銜　西周晚期至春秋早期

二〇九　馬銜　西周晚期至春秋早期

二一〇　馬銜　春秋晚期到戰國早期

二一一　馬鑣　西周晚期至春秋早期

二一二　馬鑣　西周晚期至春秋早期

二一三　蛇形馬鑣　春秋晚期至戰國早期

二一四　馬首紋馬鑣　春秋晚期至戰國早期

二一五　獸形馬鑣　春秋晚期至戰國早期

二一六　虎形馬鑣　春秋晚期至戰國早期

二一七　龜形飾　春秋晚期至戰國早期

二一八　虎頭形節約　戰國

二一九　盤羊首紋節約　漢

二二〇　軛　西周晚期至春秋早期

二二一　獸頭形竿頭飾　西周晚期至春秋早期

二二二　卧鹿形竿頭飾　春秋

二二三　馬紋竿頭飾　春秋

二二四　盤羊首形轅飾　戰國晚期

二二五　羚羊形竿頭飾　戰國晚期

二二六　佇立獸形竿頭飾　戰國晚期

二二七　佇立馬形竿頭飾　戰國晚期

二二九　卧馬形竿頭飾　戰國晚期

二二八　狻猊形竿頭飾　戰國晚期

二三〇　鶴頭形竿頭飾　戰國晚期

二三一　長喙鶴頭形竿頭飾　戰國晚期

二三二　鶴頭形竿頭飾　戰國晚期

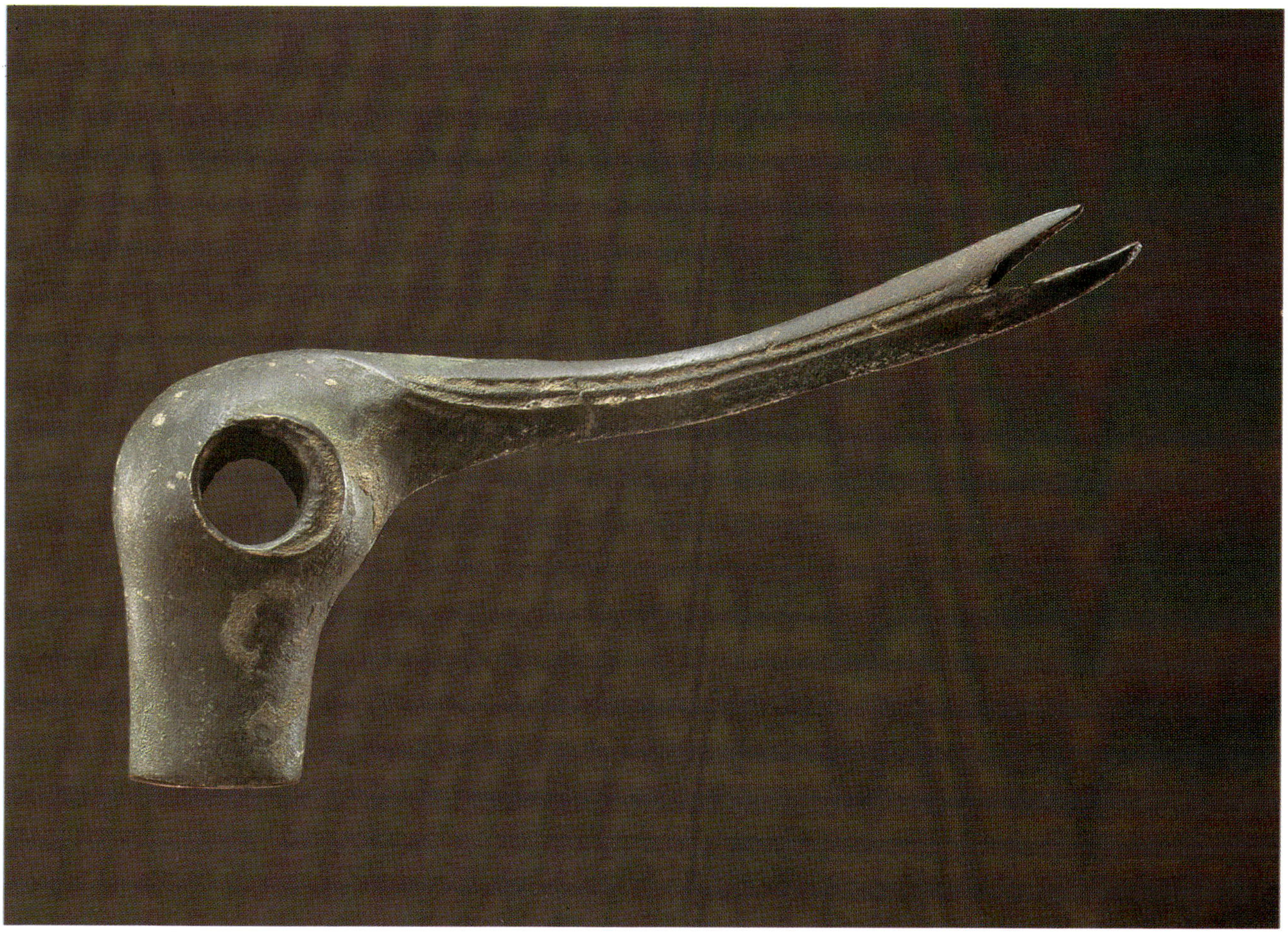

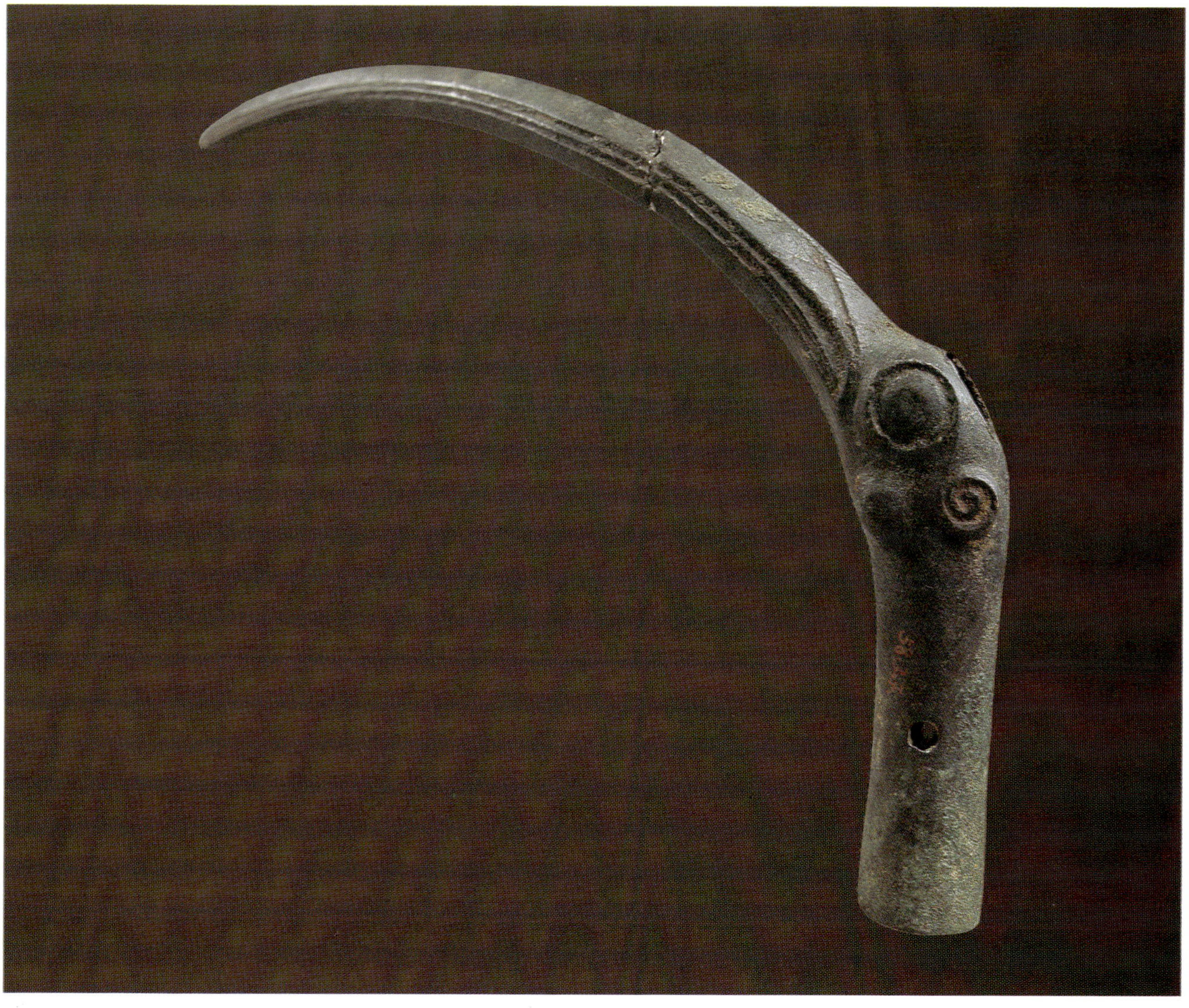

二三三　佇立鹿形竿頭飾　戰國晚期

二三四　刺猬形竿頭飾　戰國

二三六　蹲踞形羊　西周晚期至春秋早期

二三五　盤羊首形竿頭飾　戰國

二三七　佇立狀鹿　戰國

二三八　佇立狀鹿　春秋晚期至戰國早期

一三九　卧鹿　戰國晚期

二四〇　佇立狀鹿、蹲踞狀鹿　戰國晚期

二四一　佇立狀鹿、蹲踞狀鹿　戰國晚期

圖版說明

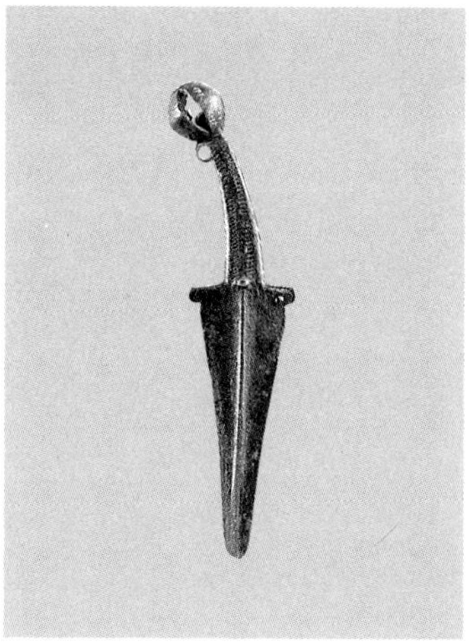

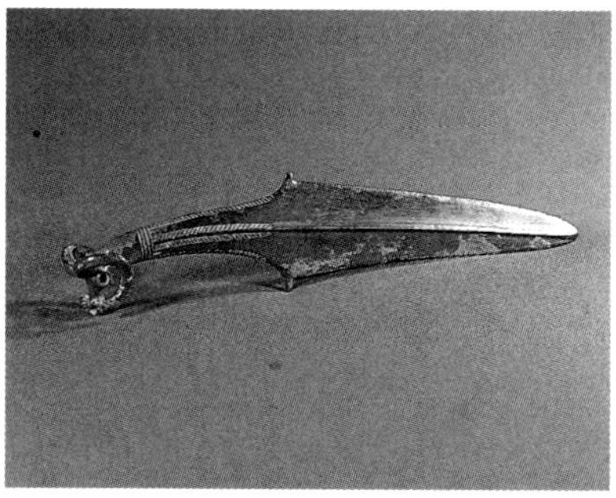

一　環首短劍

商前期

通長二四・六、格寬四厘米

一九八〇年內蒙古伊金霍洛旗朱開溝一〇四〇號墓出土

內蒙古自治區文物考古研究所藏

劍柄首近似環狀，扁柄中間有兩道凹槽，外面纏繞麻繩。劍格呈舌狀向兩側斜突。劍身兩側刃稍直，剖面呈菱形。

整體造型古樸，器型短小、輕薄。同出器物有環首彎刀、直內戈及護胸牌飾。

二　鈴首曲柄短劍

商後期

通長二二・二、格寬五・二厘米

一九五六年內蒙古准格爾旗蓿亥樹灣出土

內蒙古自治區博物館藏

鈴形首，內含彈丸，首下有環扣。扁圓形柄向一側彎弓，中間飾兩行短線紋，近格處飾乳釘紋。劍格寬大，呈一字形外突。劍身寬短，近長三角形，直刃，柱狀脊。整體鑄造精緻。

三　羊首曲柄短劍

商後期

通長三〇・二、柄長一一・六厘米

一九六一年河北青龍抄道溝出土

河北省文物考古研究所藏

柄端鑄羊首，雙角向後盤卷，頜下有環扣。扁圓柄向一側彎弓，兩側及中脊飾短線紋。劍格兩側外突，劍身寬短，近長三角形，柱狀脊中間有細溝槽。羊雙眼、鼻孔及角上原嵌綠松石，已部分脱落。整體鑄造厚重精良，裝飾考究。同出器物還有鹿首彎刀、環首和鈴首刀等。

攝影：張　羽

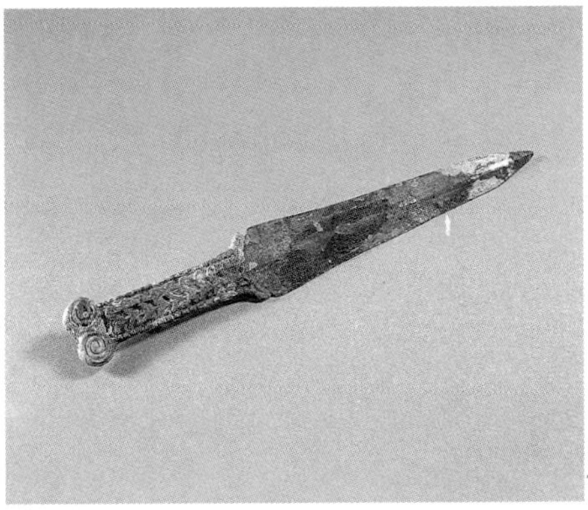

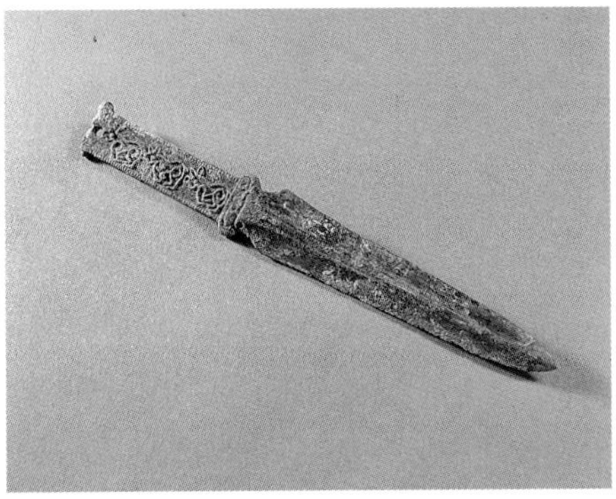

四　雙渦紋首短劍

西周晚期至春秋早期
長二六・六、格寬三厘米
一九九三年內蒙古寧城小黑石溝出土
內蒙古自治區文物考古研究所藏

柄首飾雙渦紋，扁平柄上飾動物紋（似馬），一面九個，另一面八個，兩側飾鋸齒紋。舌狀格稍斜突。直刃，有柱狀脊。

五、六　鹿紋柄短劍

西周晚期至春秋早期
通長二六厘米
一九九三年內蒙古寧城小黑石溝出土
內蒙古自治區文物考古研究所藏

柄首近一字形，中間有穿孔。扁平柄，一面飾枝狀角卧鹿三隻，另一面飾無角半蹲踞鹿三隻。一字形格上飾回曲紋，格與劍體間有凹缺，中間飾折線紋。直刃，柱狀脊上有兩道細槽溝。

七、八　獸首短劍

西周晚期至春秋早期
長二七・五厘米
一九五八年內蒙古寧城南山根出土
內蒙古自治區博物館藏

柄端一側聯接一低頭佇立狀獸（似熊），扁柄中間有兩道凸棱。格近一字形，兩側稍突，格下有凹缺。劍身呈柳葉形，中間有脊棱。

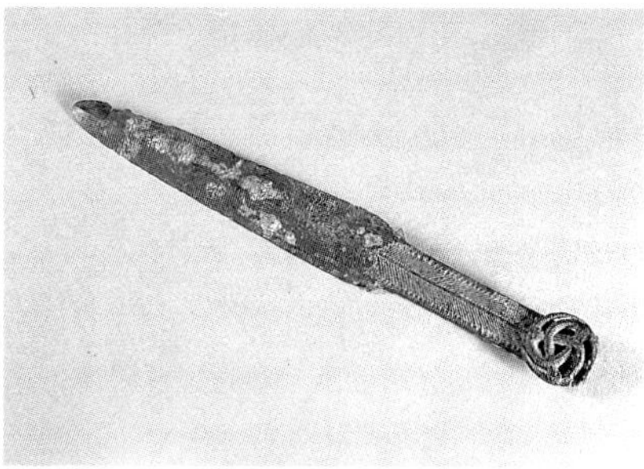

九　三蛇首短劍

西周晚期至春秋早期
通長二七·二、格寬三·二厘米
一九六三年內蒙古寧城南山根一〇一號墓出土
內蒙古自治區赤峰市博物館藏

劍柄端彎折聯接一圓形牌飾，透雕三蛇糾結圖案。扁柄中間稍起棱，中間飾葉脈紋，兩側飾鋸齒紋。舌狀格稍突。直刃，中間稍起脊。（劉素俠）

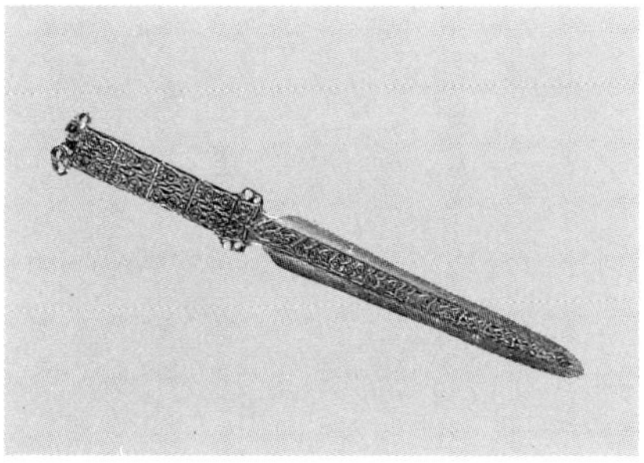

一〇　動物紋短劍

西周晚期至春秋早期
通長二八·五厘米
一九七五年內蒙古寧城小黑石溝出土
內蒙古自治區赤峰市博物館藏

劍柄端鑄相背聯結的雙鳥頭，扁平柄部裝飾四組相對呈蹲踞狀的動物紋，四肢前屈，環狀爪，長尾下垂，身飾重圈紋。劍格兩端亦鑄雙鳥頭，中間飾紋與柄部相似。劍身兩側直刃，中間脊部扁平，上面飾一〇隻呈佇立狀動物紋，頭上有角，短尾，身飾重圈紋。

此劍製作精細，造型別緻，爲同時期短劍中之珍品。

一一　雙羊首短劍

春秋早期
通長二七、格寬四·四厘米
一九八七年北京延慶玉皇廟山戎墓地二五七號墓出土
北京市文物研究所藏

劍身兩側直刃，中間起脊，橫剖面呈菱形。劍格呈一字形，劍柄作鏤空網格狀。劍首飾獸面紋，爲一對盤羊角及雙目圖案。（靳楓毅）

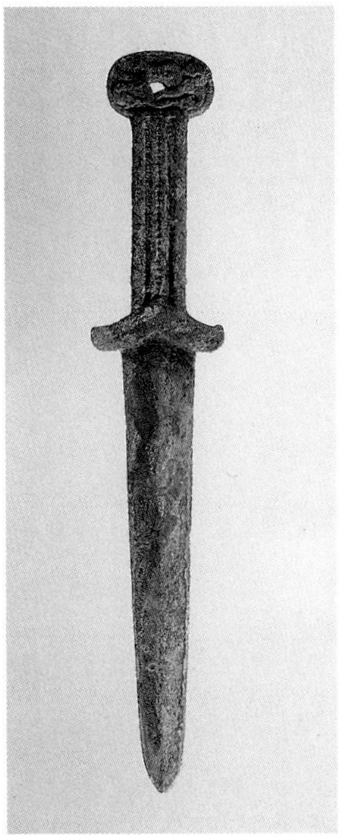

一二　雙熊首短劍

春秋早期
通長二九·一、格寬四·三厘米
一九八六年北京延慶玉皇廟山戎墓地九五號墓出土
北京市文物研究所藏

劍體較長，劍身兩側直刃，横剖面呈菱形，翼狀格兩端略上翹，柄扁平，柄端鑄一對幼熊相對接吻形象。　（靳楓毅）

一三　雙環首短劍

春秋早期
通長二八·一、格寬四·五厘米
一九八六年北京延慶玉皇廟山戎墓地一九號墓出土
北京市文物研究所藏

劍身兩側直刃，中間隆起，横剖面呈菱形，劍鋒稍殘。劍格呈一字形，柄扁圓，兩面均飾菱格紋，柄端鑄一對獸目形環孔。　（靳楓毅）

一四　動物紋首短劍

春秋中期
通長二九、格寬五·四厘米
一九八七年北京延慶玉皇廟山戎墓地二〇九號墓出土
北京市文物研究所藏

劍身兩側直刃，横剖面呈菱形，翼狀格兩端上翹，劍柄扁平，上有兩道凹槽，凹槽中間飾鋸齒紋，兩側邊緣飾平行斜線紋。劍首兩面分別飾不同的寫實動物圖案，正面爲一浮雕全牛圖案，背面爲四條糾結一體的群蛇圖案。　（靳楓毅）

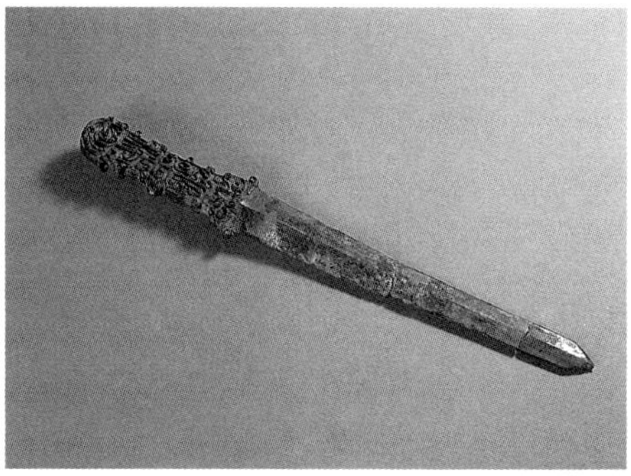

一五　鏤空嵌石柄短劍

春秋晚期
長三三、寬四·六厘米
一九八〇年河北懷來甘子堡出土
河北省張家口市博物館藏

劍首、柄、格均鏤空，鑲嵌綠松石，圖案美觀莊重。格近一字形。劍身較長，直刃，橫剖面呈菱形。劍柄一側附環孔，便于佩帶。

（賀　勇）

一六　獸首短劍

春秋晚期
長二七、格寬六厘米
一九八〇年河北懷來甘子堡出土
河北省張家口市博物館藏

劍首似雙獸頭相背呈一字形，扁柄飾兩排折線紋，翼狀格兩端上翹。劍身直刃，橫剖面爲菱形。

（賀　勇）

一七　雙環蛇首短劍

春秋晚期
長二七·七厘米
一九八五年河北宣化小白陽出土
河北省張家口市博物館藏

雙環首中間爲蛇頭，扁平柄上飾菱形紋。劍格近翼狀。直刃，中間稍起脊。

（閻玉光）

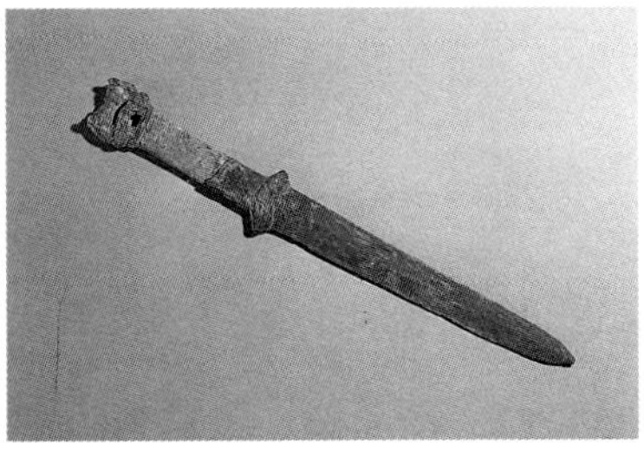

一八、一九　雙豹首短劍

春秋晚期
長二八・五、寬四・八厘米
一九八五年河北宣化小白陽出土
河北省張家口市博物館藏

劍首鑄兩隻相對聯結的彎曲豹形圖案。柄一面飾兩隻呈S形的雙首夔龍紋，另一面飾兩隻蹲踞狀角鹿。翼狀格兩端上翹。劍身直刃，中間稍起脊，剖面呈菱形。

（閻玉光）

二〇　雙虎首短劍

春秋晚期
長三〇、格寬四・二厘米
一九八〇年河北懷來甘子堡出土
河北省張家口市博物館藏

劍體較長，柄端鑄出雙虎接吻狀圖案。劍柄扁平，劍格下斜近翼狀，直刃，橫剖面爲菱形。

（賀　勇）

二一　雙鳥首短劍

春秋晚期至戰國早期
長二七・三、二七・八、二六・七厘米
一九七九年內蒙古涼城毛慶溝和烏拉特中旗呼魯斯太出土
內蒙古自治區文物考古研究所藏

左：劍首爲兩個寫實的鳥頭相對聯接呈『觸角式』。扁柄中間稍起棱，近格處有圓穿孔。劍格規整呈翼狀。劍身直刃，有柱狀脊。

中：劍柄首爲雙鳥頭相對聯接呈『觸角式』。扁柄較窄，中間飾斜格紋，兩側飾三角折線紋。格飾雙鳥頭。直刃，柱狀脊。

右：劍首呈一字形，兩端似簡化鳥頭。扁柄中間凹，兩側飾凸棱紋。翼狀格，直刃，柱狀脊。此劍爲呼魯斯太出土。

二二　雙鳥首短劍

春秋晚期
長二五·三、格寬三·七厘米
一九七二年內蒙古杭錦旗公蘇壕一號墓出土
內蒙古自治區博物館藏

柄端由雙鳥頭相對聯接呈『觸角式』首。扁圓細長柄，格扁圓近一字形。劍身近似柳葉形，中間稍起棱。

二三、二四　雙獸首短劍

春秋晚期至戰國早期
長二六、寬二·四厘米
一九八〇年寧夏固原石喇出土
寧夏回族自治區固原博物館藏

劍首爲兩個相對聯接的獸頭。柄扁平，中間有凹槽，兩側飾鋸齒紋。格爲背向聯結的兩個獸頭。劍身近似柳葉形，中間稍起棱。

（延世忠）

二五、二六　雙獸首短劍

戰國
長二八·六、寬二·六厘米
一九八五年寧夏固原撒門三號墓出土
寧夏回族自治區固原博物館藏

劍首爲兩獸頭相對聯結，嘴微張，額部隆起，從碩大彎角看似山羊。柄扁平，一面飾豎行曲線紋，另一面中間飾方點紋。劍格近翼狀，劍身呈柳葉形，中稍起脊。

（延世忠）

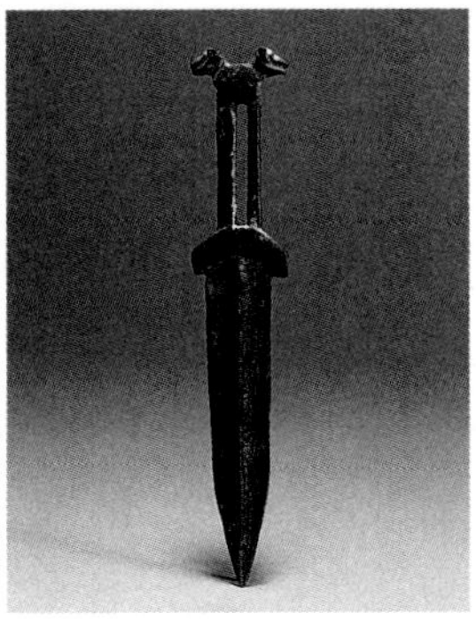

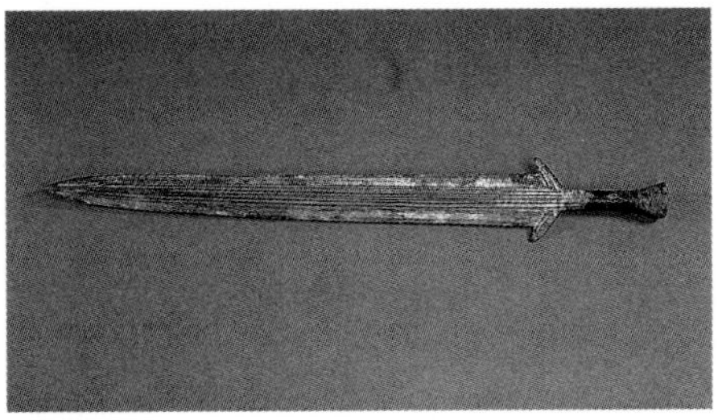

二七　雙獸首短劍

戰國
長二二·九、寬三厘米
一九八一年寧夏彭陽出土
寧夏回族自治區固原博物館藏

柄端鑄兩個背向聯接的獸頭。扁柄中間有一長條形鏤孔，格呈翼狀。劍身寬短，直刃，中間起脊。

（延世忠）

二八　圓餅首短劍

戰國
長二八·九、寬三·一厘米
一九八五年河北宣化小白陽三九號墓出土
河北省張家口市博物館藏

劍首呈圓餅狀，窄細扁柄中間稍起棱，一側有環紐。劍身直刃，柱狀脊上有兩道淺槽溝。

（閻玉光）

二九　銎柄長劍

西周晚期至春秋早期
長五五·五、格寬七·三厘米
一九八五年內蒙古寧城小黑石溝出土
內蒙古自治區寧城縣博物館藏

圓形銎柄頂端呈喇叭狀，不封口，劍格向下斜突。劍身兩側直刃，劍脊扁平，上鑄四道淺槽溝。整體鑄造精良，保存亦佳。

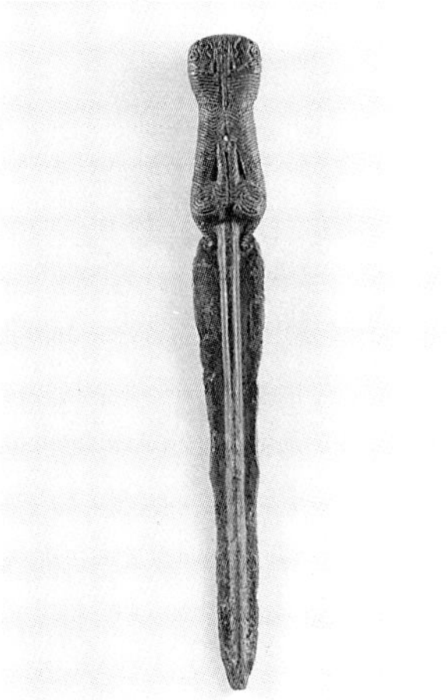

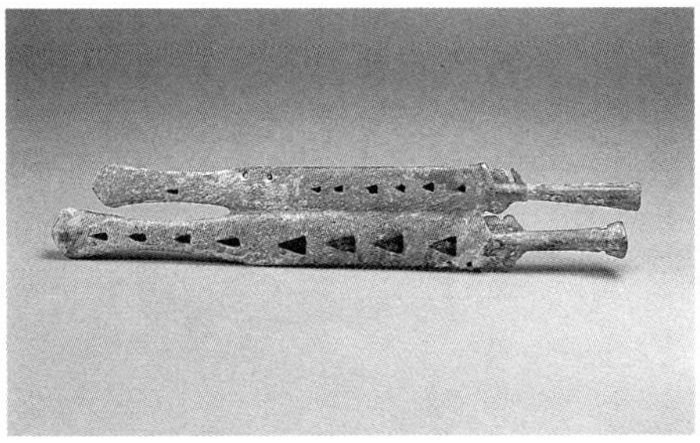

三〇　雙聯鞘銎柄曲刃長劍

西周晚期至春秋早期
劍長三二、鞘長三八・五厘米
一九八五年內蒙古寧城小黑石溝出土
內蒙古自治區寧城縣博物館藏

兩件銎柄長劍外套雙聯鞘。圓形銎柄兩側有釘孔，格下斜稍突，劍身兩側曲刃，一件劍身殘損。鞘一面鑄出三角形鏤孔，兩側各有兩個圓形穿孔，便于繫繩佩掛。

三一、三二　立人柄曲刃劍

西周晚期至春秋早期
長三一・六、柄長一〇厘米
一九五八年內蒙古寧城南山根出土
內蒙古自治區寧城縣博物館藏

劍柄鑄成圓雕男女裸體立人像：男性兩臂下垂，雙手護小腹，女性曲臂，雙手交叉于胸前，耳、肩下方兩側各有兩長方形橫穿。護手近似一字形。劍身兩側刃弧曲，節尖位于中間，柱狀脊上有三道棱線。整體厚重，鑄造精良。

以立人作裝飾，在同類器中較罕見，説明使用者有特殊身份。此器可能與部族信仰或宗教禮儀有關，是曲刃劍中之珍品。

三三　卧虎柄曲刃劍

西周晚期至春秋早期
長三四・三、柄長一一厘米
一九六三年內蒙古寧城南山根一〇一號墓出土
內蒙古自治區赤峰市博物館藏

劍柄爲圓雕對卧的雙虎圖案。劍身兩側刃稍弧曲，節尖微突，柱狀脊。

三四　三角線紋柄曲刃劍

西周晚期至春秋早期

長二六厘米

一九五八年內蒙古寧城南山根出土

內蒙古自治區博物館藏

扁柄中間起棱，兩側裝飾相交錯的斜線三角紋帶，護手呈喇叭狀，與劍身聯鑄。劍身兩側刃弧曲，節尖居中，柱狀脊。柄端原有動物形裝飾已缺失。

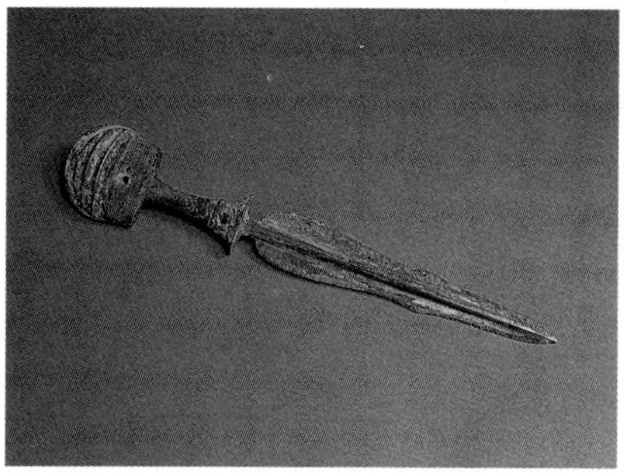

三五　T形柄曲刃劍

西周晚期至春秋早期

通長四一·五、護手寬四·八厘米

一九八五年內蒙古寧城小黑石溝出土

內蒙古自治區寧城縣博物館藏

劍柄和劍身聯鑄。柄筒分段明顯，下部喇叭狀劍格與劍身相聯，上部爲橢圓形盤，劍柄端呈半圓形，飾有三道弧形脊棱。劍身兩側刃弧曲，節尖明顯，柱狀脊起棱。格及盤上鑲嵌綠松石。

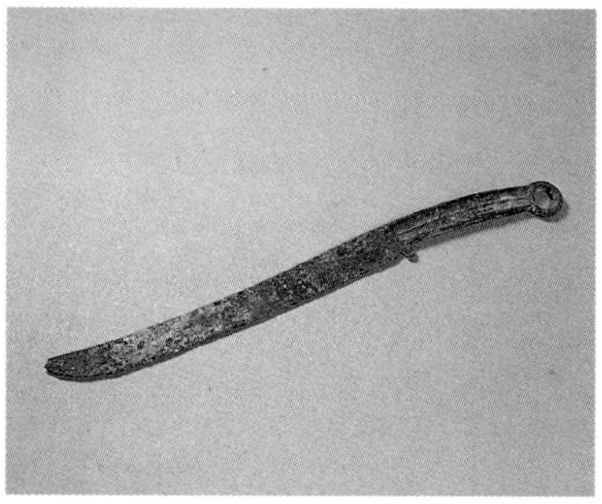

三六　環首刀

商前期

通長三四·一、柄長一〇·五厘米

一九八〇年內蒙古伊金霍洛旗朱開溝一〇四〇號墓出土

內蒙古自治區文物考古研究所藏

環狀首，扁柄向一側稍彎曲，中間凹，兩側起棱。柄、刃間有突出的齒狀欄，刀背微凹，刀尖上翹。整體鑄造古樸，刀身細長輕薄。同出器物有環首短劍、直內戈及護胸牌飾。

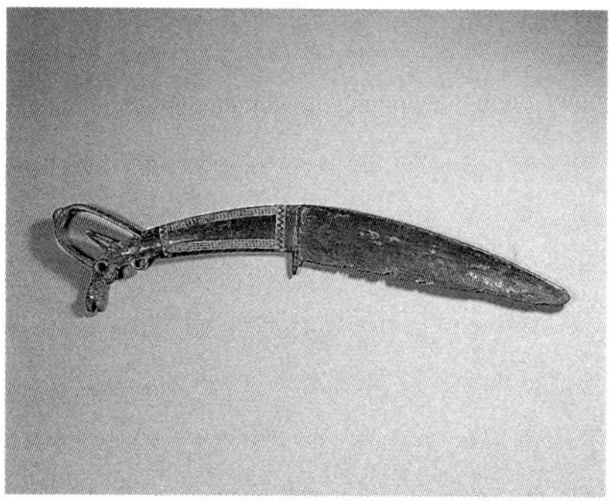

三七　鹿首彎刀

商後期
通長二九·六、柄長一三·七厘米
一九六一年河北青龍抄道溝出土
河北省文物考古研究所藏

柄端鑄鹿首，鹿抬頭、豎耳、長顏面，大角向後彎成半環狀，頸下有小環扣。扁圓柄向一側彎曲，中間裝飾網格紋，兩側飾鋸齒紋。柄、刃間一字形欄外突，刀弓背，直刃。

整體厚重，鑄造精良，造型生動。

攝影：張　羽

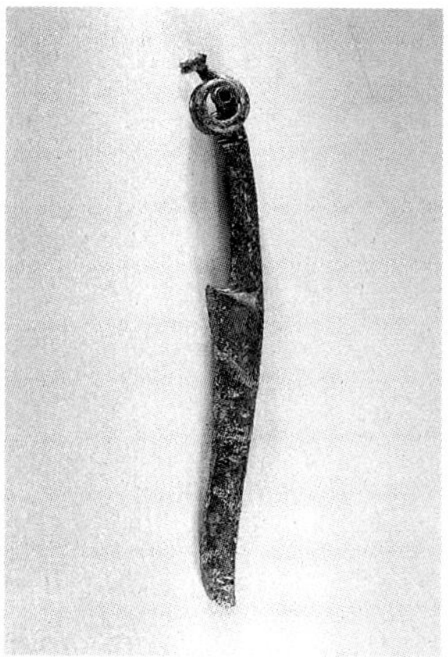

三八　獸首刀

商後期
通長二七·五厘米
一九八五年一月山西靈石旌介二號墓出土
山西省考古研究所藏

刀弓背、凹刃，刀尖上翹。柄部有三個長條孔，柄端飾獸首，獸雙角盤卷，身卷曲成環形，形制新穎，具北方少數民族特色。

攝影：李建生

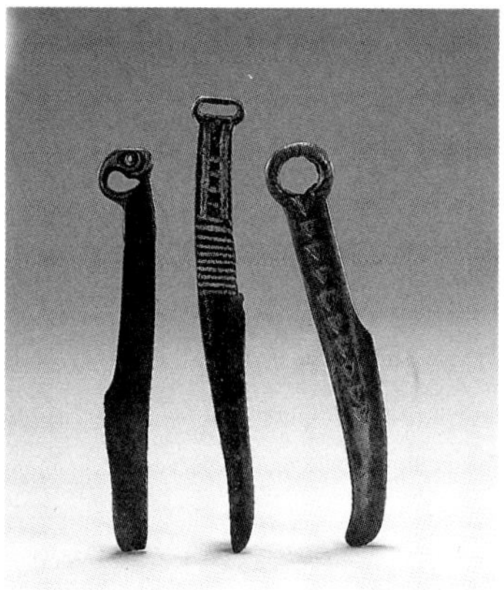

三九　刀

西周至春秋
通長一三·四至一六·四厘米
一九七四年內蒙古鄂爾多斯徵集
內蒙古自治區文物考古研究所藏

右、中：環狀首，柄上裝飾繞線紋、三角紋或方點紋，刀尖上翹。時代相當于西周。

左：柄端鑄鳥頭，鳥圓眼，喙彎勾成環，圓柄，刀尖殘。

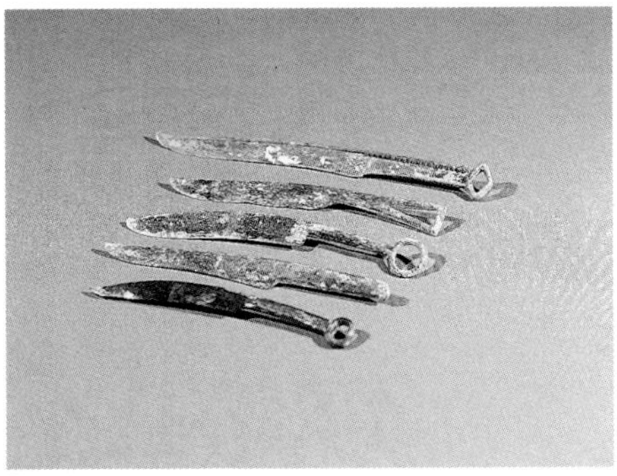

四〇 刀

西周晚期至春秋早期
通長一七・七至二三・二厘米
一九七四年內蒙古鄂爾多斯徵集
內蒙古自治區文物考古研究所藏

右二：瘤狀柄首，頂部中間有穿孔。扁平柄一面飾七隻鴻雁，另一面飾雙折線紋。刀背直，刀尖微翹。

其余三件柄端多有不規則鏤孔，柄上裝飾S形紋和動物紋。

四一 刀

西周至春秋
通長一六至二二・三厘米
一九七四年內蒙古鄂爾多斯徵集
內蒙古自治區文物考古研究所藏

右：環狀首，柄中間凹，飾折線紋，彎背。時代相當于西周。
中：柄首造型近似雙鳥紋飾牌，扁平柄上飾雙S形紋，刀背稍彎。
左：環狀首，扁圓柄上裝飾陰刻動物紋，近環下有三角形鏤孔，刀背稍彎。

四二 刀

春秋
長一六・五至二三・五厘米
一九八六年、一九八七年北京延慶玉皇廟山戎墓地出土
北京市文物研究所藏

五件。中間一件爲環首削刀，細柄，寬刀身，刀尖略上翹，柄、刃間分界明顯。其余四件均弧背，凹刃，刀尖略上翹，扁柄兩側起棱，柄首分別鑄成環形、長三角形鏤孔和象徵性獸首。

（靳楓毅）　攝影：杜澤泉

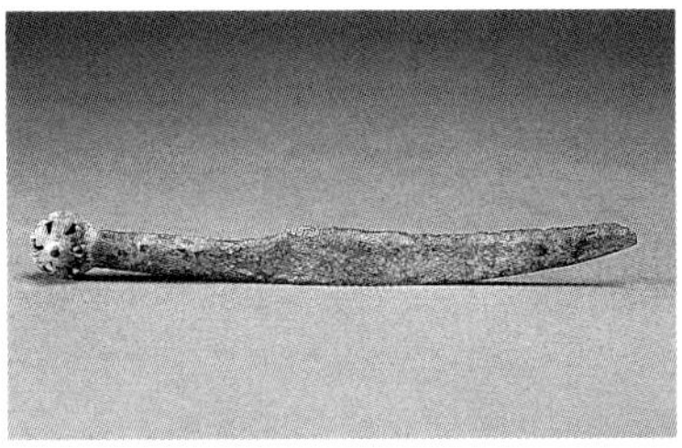

四三　鈴首刀

西周晚期至春秋早期
通長二二、鈴徑二·五厘米
一九八五年內蒙古寧城小黑石溝出土
內蒙古自治區寧城縣博物館藏

鈴形首，橢圓柄中空，一側有長方形鏤孔。柄刃間稍存欄突。彎背，凹刃，刀尖微翹。

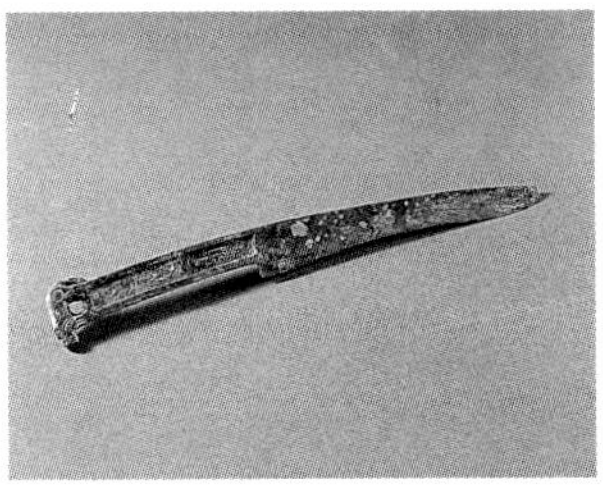

四四　佇立虎首刀

西周晚期至春秋早期
長二一·八厘米
一九九二年內蒙古寧城小黑石溝出土
內蒙古自治區文物考古研究所藏

柄首鑄一佇立狀虎紋。扁柄中間凹，一面飾三隻佇立狀虎紋，另一面飾細線、三角折線紋。刀背稍彎，刀尖微翹。

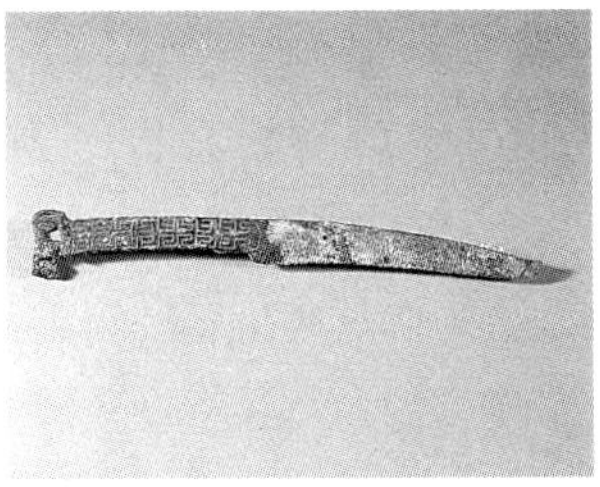

四五　佇立馬首刀

西周晚期至春秋早期
長二〇·八、柄寬一·三厘米
一九七五年內蒙古寧城徵集
內蒙古自治區赤峰市博物館藏

柄端鑄佇立狀馬紋。扁平柄一面飾三隻佇立形虎紋，另一面飾山字紋。刀背稍彎，刀尖微翹。

（劉素俠）

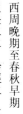

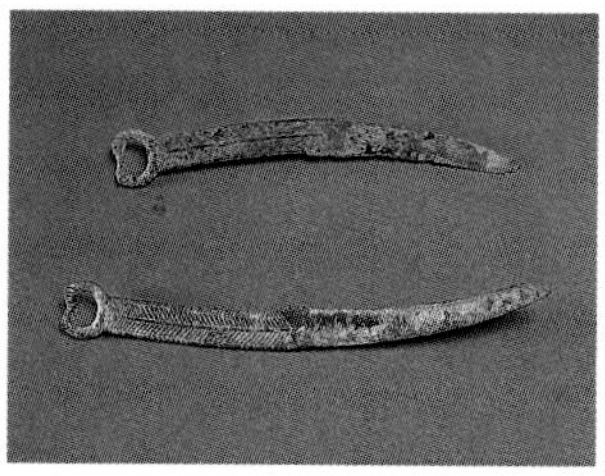

四六　雙獸頭環首刀

西周晚期至春秋早期
通長二〇·四、二二·四厘米
一九八五年內蒙古寧城小黑石溝出土
內蒙古自治區寧城縣博物館藏

柄端鑄雙獸（馬或鹿），頭相對聯接成環狀首。扁平柄上飾葉脈紋，彎背，凹刃，刀尖微翹。

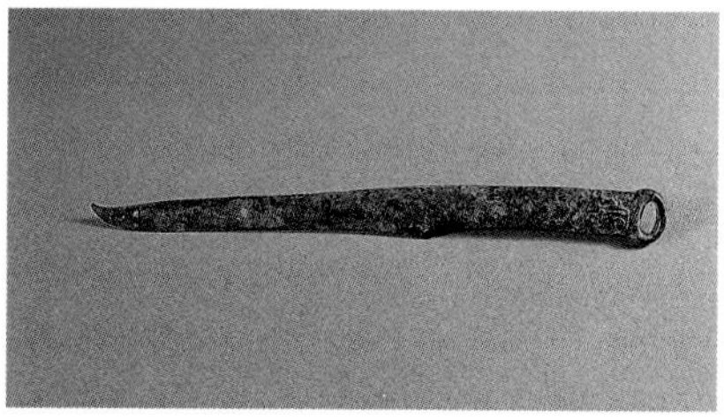

四七　鹿紋柄環首刀

西周晚期至春秋早期
長二二·一厘米
一九九三年內蒙古寧城小黑石溝出土
內蒙古自治區文物考古研究所藏

柄首呈扁環狀，扁圓柄，近環處裝飾一蹲踞形角鹿。刀背平直，刀尖上翹，柄與刃間有欄部小突起。

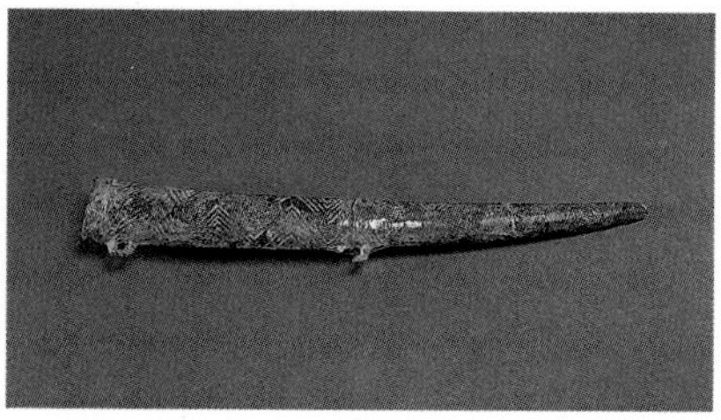

四八　刀鞘

西周晚期至春秋早期
通長二六·三厘米
一九八五年內蒙古寧城小黑石溝出土
內蒙古自治區寧城縣博物館藏

整體造型呈扁圓尖筒狀，前端彎曲。正面飾重三角形折線紋，背面鑄出五個長三角形鏤孔，一側邊中間與一端各附一環形紐，用于繫繩佩掛。

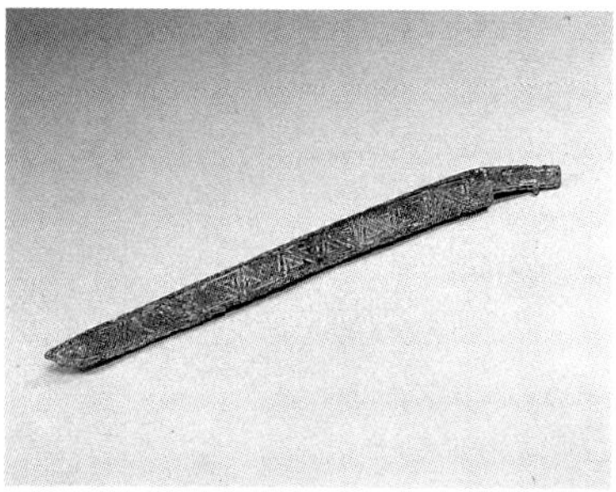

四九　齒柄長刀

西周晚期至春秋早期
通長三七、刀長三一·二厘米
一九八五年內蒙古寧城小黑石溝出土
內蒙古自治區文物考古研究所藏

扁平短柄內側鑄一突齒，柄與刀背間彎折。直刃，刀背寬厚起棱，刀身裝飾重三角紋帶。此器在齒柄刀中屬最長的一件。

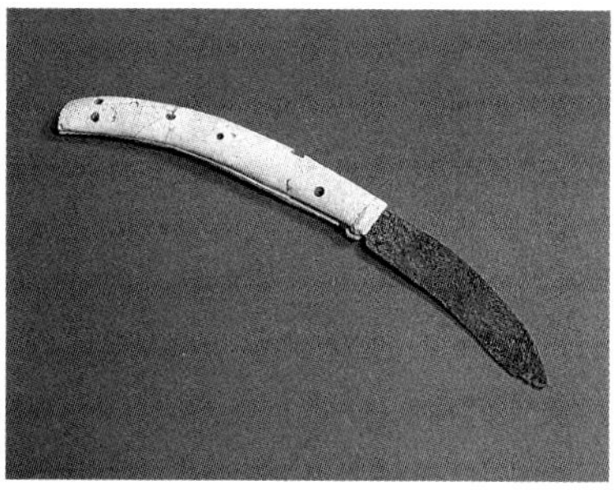

五〇　骨柄刀

西周晚期至春秋早期
通長二一、柄長一三厘米
一九九三年內蒙古寧城小黑石溝出土
內蒙古自治區文物考古研究所藏

彎背，凹刃，刀柄鑄兩齒，後端有穿孔。兩骨片夾住刀柄，骨柄向一側彎曲，上有六個穿孔，有的孔內尚存有骨楔（鉚釘），柄端兩穿孔可用以繫繩佩帶。

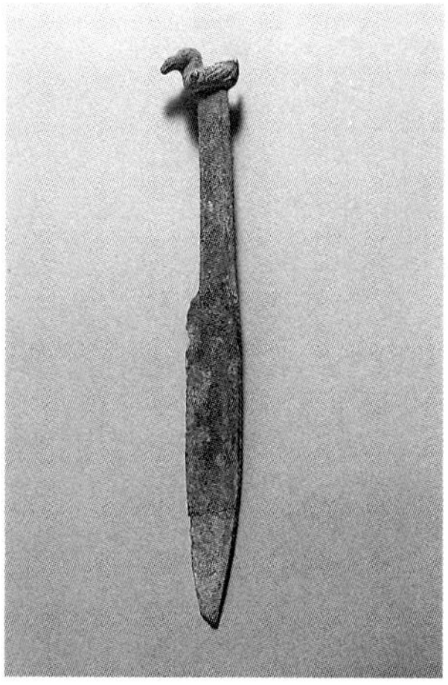

五一　鳥首刀

春秋
通長二〇、柄長八·八厘米
一九八〇年河北懷來甘子堡出土
河北省張家口市博物館藏

柄端鑄蹲踞狀鳥紋，眼、喙、羽毛刻畫逼真。柄扁圓，素面。刀身較寬，與柄部交界呈斜弧線，刀背稍彎，弧刃。

（劉建中）

五二　環首刀

戰國
長二〇·一厘米
一九八三年寧夏中寧出土
寧夏回族自治區博物館藏

環首，柄部飾S紋，背平直，刀尖略彎曲。是春秋、戰國時期北方少數民族常用的器物之一。

（鍾　侃）

五三　虎紋直內戈

商前期
通長二八·五、援長二二厘米
一九八〇年內蒙古伊金霍洛旗朱開溝二〇一二號墓出土
內蒙古自治區文物考古研究所藏

長援，中脊稍凸，上下闌外突。直內，尾端裝飾虎頭紋，卷鼻，日形眼。闌和內之間遺有朽木痕。

五四　鍪內戈

西周晚期至春秋早期
通長二七、鍪徑一·二至二厘米
一九八五年內蒙古寧城小黑石溝出土
內蒙古自治區文物考古研究所藏

援部中脊隆起，長胡，一穿，下闌有突齒。扁圓形鍪內遺有朽木。

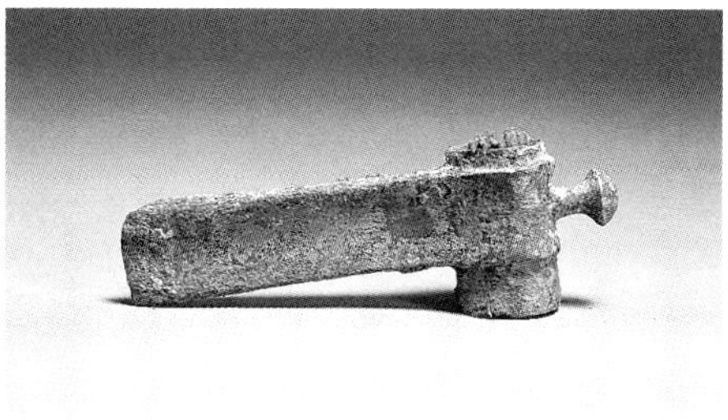

五五　管銎斧

西周晚期至春秋早期
通長一二・七、銎徑一・二至一・八厘米
一九八五年內蒙古寧城小黑石溝出土
內蒙古自治區文物考古研究所藏

斧身呈扁長方形，中間凹，弧刃。橢圓管銎背上有蘑菇狀疣。銎內遺有朽木。

五六　管銎斧

戰國
長一一・三、一二、寬三・五、三・八厘米
一九八三年寧夏中寧出土
寧夏回族自治區博物館藏

橢圓形銎，可以納柄，銎兩面各有一圓形釘孔。斧刃弧圓。一件銎孔和刃緣平齊；一件銎孔上下緣均突出，且斧面正中有一棱脊。（鍾　侃）

五七　矛頭形管銎斧

西周晚期至春秋早期
通長一四・七、銎長七・二厘米
一九七五年內蒙古寧城出土
內蒙古自治區寧城縣博物館藏

斧身呈矛頭狀，長管銎中間有一乳釘裝飾。銎背聯鑄一截錐狀疣。

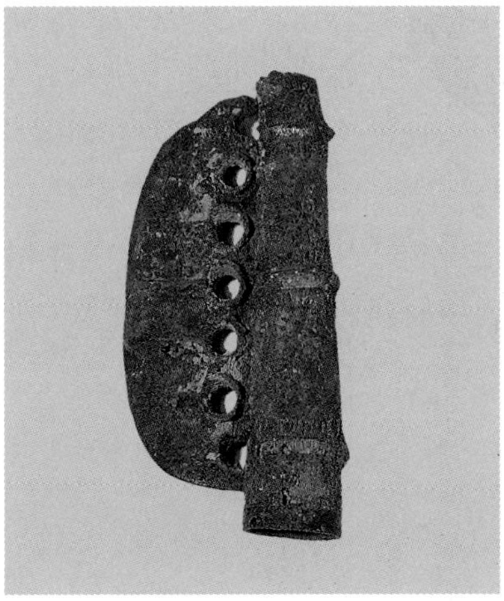

五八　七孔管銎鉞

商後期
通長一六、寬八厘米
一九八二年青海湟源出土
青海省文物考古研究所藏

管狀銎，上細下粗，有三道突起的箍狀裝飾。鉞身弧刃，近銎處有七個圓穿孔，中間五個起緣，上下兩穿孔及銎下端一側的釘孔應是用作加固木柲的。

攝影：郭　群

五九　三孔管銎鉞

商後期
通長一八、寬一四厘米
傳陝西榆林出土
首都博物館藏

橢圓管狀銎，上細下粗，有四道突起的箍狀裝飾。銎背中間有鈴，上下各鑄一獸。鉞身弧刃，刃角反卷成圓孔，近銎處有三個起緣的圓穿孔。銎側中間有兩個長方形釘孔，與刃角圓孔一起用作加固木柲。

攝影：王　露

六〇　管銎鉞

西周晚期至春秋早期
通長一四・六、鉞刃寬一一・六、銎長一三厘米
一九八五年內蒙古寧城小黑石溝出土
內蒙古自治區寧城縣博物館藏

管狀圓銎稍長，鉞刃圓弧，中間有圓形穿孔作裝飾，亞腰。銎下端有兩個釘孔，用作固柲，銎內殘存朽木柄。

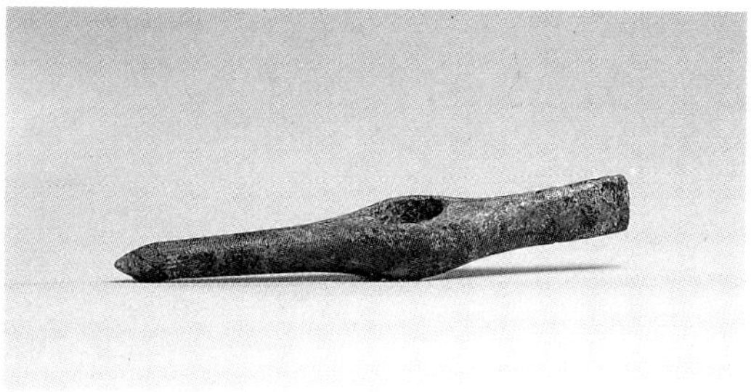

六一　鶴嘴斧

春秋晚期
通長一四、刃寬一·二厘米
一九七二年內蒙古杭錦旗公蘇壕一號墓出土
內蒙古自治區博物館藏

中間有銎，一端呈扁刃斧狀，另一端爲尖圓鶴嘴形，故名鶴嘴斧。

六二　鶴嘴斧

春秋晚期至戰國早期
長一四厘米
一九七三年寧夏固原鴉兒溝出土
寧夏回族自治區博物館藏

形似鎬，中間有圓形銎，可以裝柄。一端呈扁刃斧狀，另一端爲尖圓形鶴嘴。

（鍾　侃）

六三　鍪

商前期
高一八·二、寬一八·二厘米
一九八二年內蒙古伊金霍洛旗朱開溝一〇八三號墓出土
內蒙古自治區文物考古研究所藏

整體造型呈橢圓瓢形。頂端圓弧，底端兩側弧曲內收，近底邊平直，中間靠下圓凸。頂部及底邊正中各有兩個小圓穿孔，便于固定在它物上。

此器出土時扣在人頭骨後腦部。推測其功能，應是縫綴在皮或氈類帽子後部，起保護頭部的作用。同出器物還有直內戈等。

六四　盔

西周晚期至春秋早期
通高二四厘米
一九八二年內蒙古寧城小黑石溝出土
內蒙古自治區寧城縣博物館藏

前額弧曲，寬一五·五、高八·二厘米；後項呈半圓弧形，寬一四·五、高七·五厘米。頂附方形穿紐，兩側護腮底緣前後各附一長方形小穿紐，上下穿繩于頸下繫結，可使頭盔固定。整體設計簡便實用。

六五　人面紋護胸牌飾

西周晚期至春秋早期
長二三、二〇·二厘米
一九八五年內蒙古寧城小黑石溝出土
內蒙古自治區寧城縣博物館藏

整體造型近長方形。正面稍凸，上部鑄出凸起的雙眼，中間有鏤孔，鼻或口呈菱形凸起，下部兩側弧曲束頸。背面凹，一件四角各附一豎穿紐，另一件底邊正中附一豎穿紐。

另一墓出土兩件類似器物，素面，出土時在人骨胸部，故推測此類器物功能應是固定于衣服上或用繫繩綁在胸前，起保護胸腹的作用。

六六　羊首匕

商後期
長二七厘米
一九八七年陝西延川用斗出土
陝西省延安地區文物管理委員會藏

匕作長板式，柄部略窄，前端呈半圓凹槽形。柄端鑄一盤羊首，正面裝飾佇立狀虎，虎前一人跽坐。匕背部刻畫『×』符號。

羊首匕整體造型設計巧妙，製作精工，是青銅匕中之珍品。　攝影：王　露

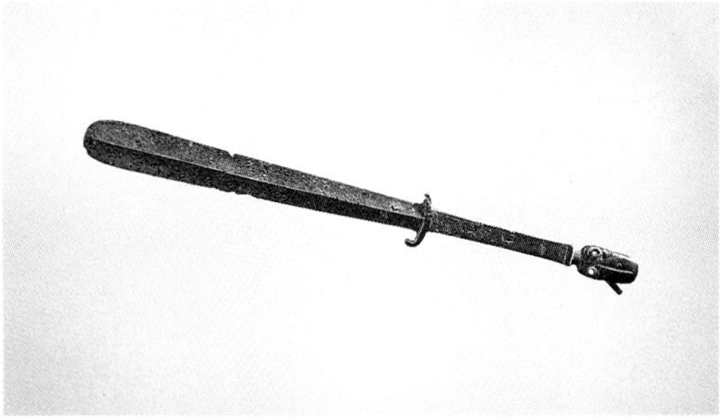

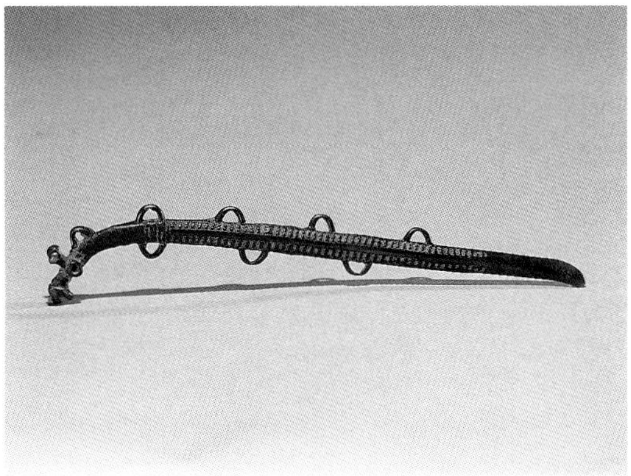

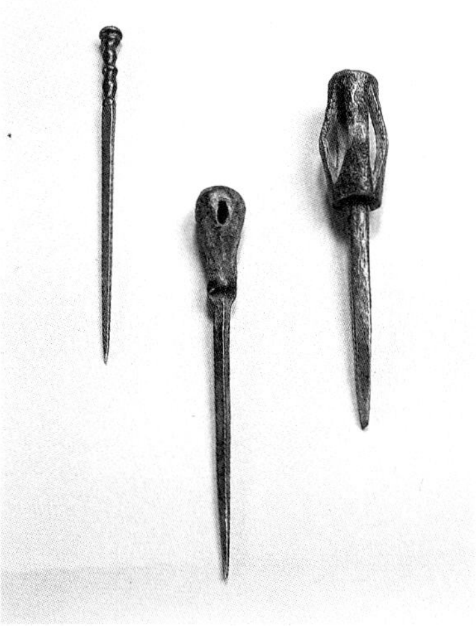

六七　蛇首匕

商後期

長三六厘米

一九六五年陝西綏德墕頭出土

陝西歷史博物館藏

首作蛇頭形，舌可活動。柄前兩側有繫環，匕身起脊，兩面刃，鋒端爲圓形。類似器物亦出于山西石樓、河北藁城等地，具有北方少數民族色彩。

（李學勤）　攝影：王　露

六八　龍首匕

商後期

通長二二·二厘米

一九七六年內蒙古准格爾旗蓿亥樹灣徵集

內蒙古自治區鄂爾多斯博物館藏

龍首蛇身，器體細長，兩側附半圓形環，尖端微翹。龍首附小環扣，匕身正面中脊隆起，兩側飾并排兩行短線紋，類似龍骨或蛇皮。

六九　錐

西周

通長一〇·五至一一·五厘米

一九七四年內蒙古鄂爾多斯徵集

內蒙古自治區文物考古研究所藏

右、中：爲鈴首錐，柄端聯鑄橢圓形鈴，內含彈丸已脱落，錐體截面呈方形。

左：爲瘤狀柄首，錐體剖面近方形，往下漸細，尖鋒利。

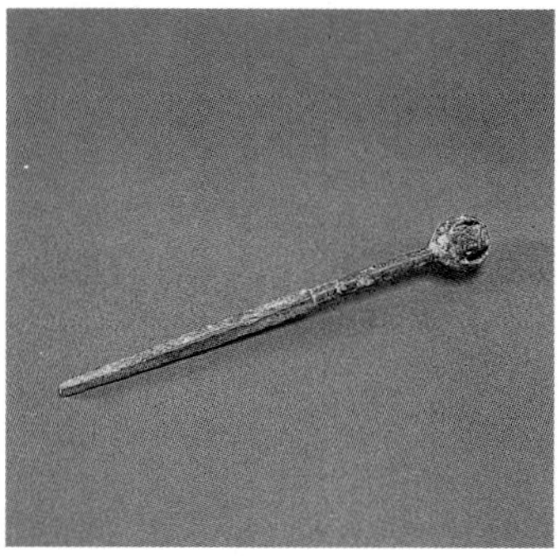

七〇　鈴首錐

西周晚期至春秋早期
長二三·六厘米
一九九三年內蒙古寧城小黑石溝出土
內蒙古自治區文物考古研究所藏

柄端鑄成圓球鈴狀，四周有鏤孔。錐體上圓下方，尖殘。

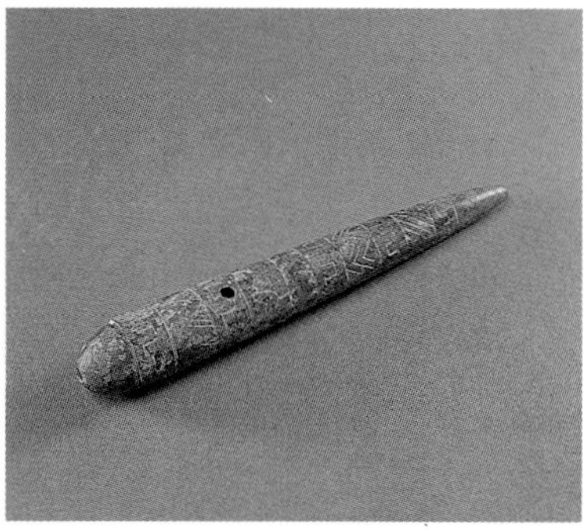

七一　錐形器

西周晚期至春秋早期
長一九·五、徑一·四至二·七厘米
一九八五年內蒙古寧城小黑石溝出土
內蒙古自治區寧城縣博物館藏

整體呈圓錐形。頂端和側面各有一穿孔，尖端圓鈍，有磨痕。通體分段陰刻三角斜線、折線和鳥紋等。

七二　觿

西周晚期至春秋早期
通長六·七、七·七厘米
一九九三年內蒙古寧城小黑石溝出土
內蒙古自治區文物考古研究所藏

左：頂端鑄佇立狀犬，另有兩餅形裝飾，圓錐體有磨痕。背有環形紐。
右：頂端鑄佇立狀野猪（或熊），抬頭，卷鼻，小圓耳，短尾上翹。圓錐體前端圓鈍。

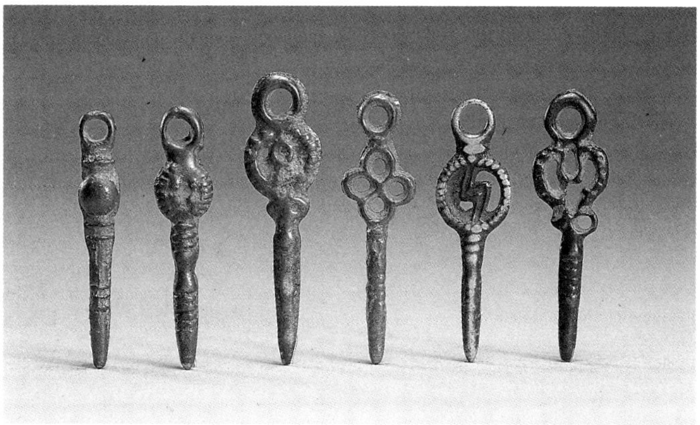

七三　觿

春秋至戰國
通長四·五至七·三厘米
一九七四年內蒙古鄂爾多斯徵集
內蒙古自治區文物考古研究所藏

左：柄端鑄盤羊首，圓錐體飾交叉線紋，尖部有磨痕。羊首背面有橫紐，可繫繩佩帶。

中：柄首呈鈴形，內含丸，頂端附環狀紐，圓錐體飾繞線紋。

右：柄端鑄虎頭，背後橫紐。

整體造型設計精巧，既可作鬆解繩扣的工具，又是隨身佩帶的裝飾物，故有人稱爲飾針。

七四　觿

春秋至戰國
通長五至五·八厘米
一九七四年內蒙古鄂爾多斯徵集
內蒙古自治區文物考古研究所藏

柄端鑄成圓球或圓餅狀，有的鏤空，頂端均有環形紐，有的附小環扣，圓錐體飾繞線紋，均有使用磨痕。

此類器物短小精緻、實用，出土數量亦多，應是當時很流行的小型工具。至今北方牧民還有佩帶類似工具的習慣。

七五　夔龍紋帶鈎

春秋早期
長四·九八厘米
一九八七年北京延慶玉皇廟山戎墓地一五八號墓出土
北京市文物研究所藏

整體作三條夔龍盤卷形。龍頭均有耳、眼、鼻、嘴。龍身和尾無鱗，僅以兩道凹槽曲線表現。龍頭均朝正前方，龍身與龍尾則一條向左彎卷，一條向右彎卷，另一條向上翻卷成鈎。背面鑄出凸釘狀紐。此帶鈎構思巧妙，造型奇特。

（靳楓毅）

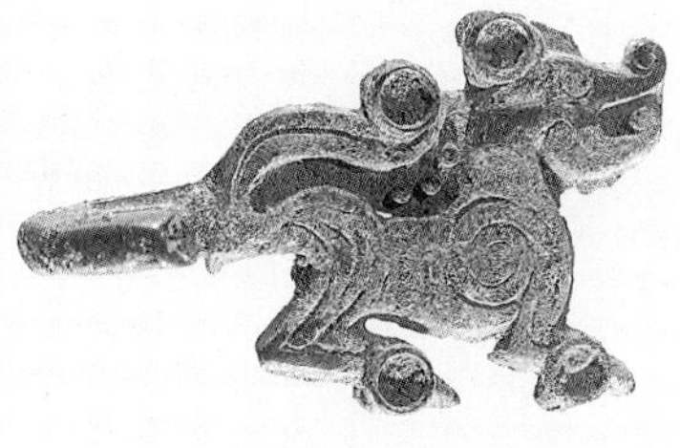

七六　瑞獸形帶鈎

春秋早期
長五·一厘米
一九八七年北京延慶玉皇廟山戎墓地一〇二號墓出土
北京市文物研究所藏

作奔獸形，圓耳，嘴唇朝上翻卷，張口嘶鳴，兩腿前屈騰空，尾向前翻卷，作狂奔狀。鈎從尾部伸出，鈎首朝前。在耳、蹄、尾端鑄出嵌窩四個，原當嵌有綠松石一類飾物。背面尾端鑄出一道穿鼻，前端有一凸釘狀紐。

（靳楓毅）

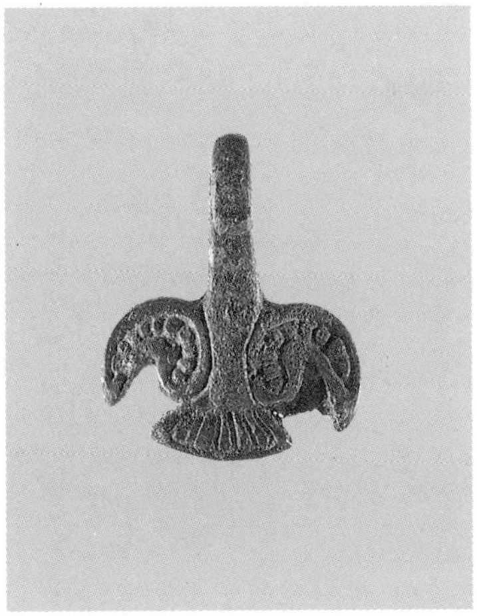

七七　鳥形帶鈎

春秋中期
長三厘米
一九八七年北京延慶玉皇廟山戎墓地二二九號墓出土
北京市文物研究所藏

整體鑄成鳥形，作展翅飛翔狀。鳥頭前伸成鈎首。背面鑄出凸釘狀紐。

（靳楓毅）

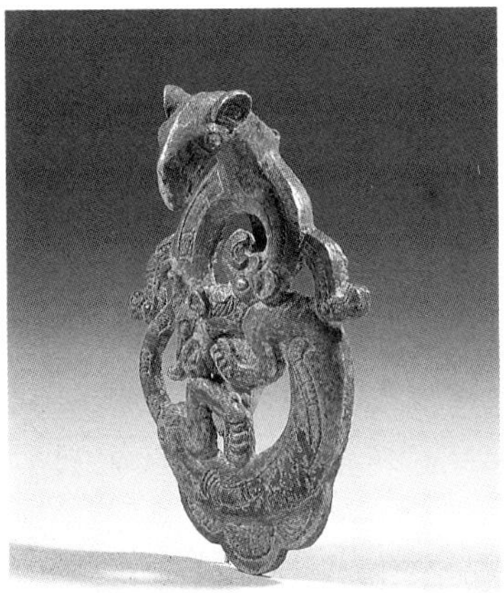

七八　螭虎形帶鈎

春秋晚期至戰國早期
長五·六厘米
一九八〇年河北懷來甘子堡出土
河北省張家口市博物館藏

整體鑄成螭虎形，虎曲頸回首面向前，嘴貼在背上，前後肢稍內屈，尾向一側彎卷，尾端以蛇首作鈎。背面前後各附一凸釘狀紐。

（劉建中）

七九　虎噬蜥蜴形帶鈎、腰帶

戰國
帶鈎長一〇·二、鏈長六六厘米
一九八三年陝西安塞謝屯出土
陝西省延安地區文物管理委員會藏

帶鈎作虎噬蜥蜴狀。虎半蹲踞，張口咬住蜥蜴尾，虎爪用力捺住兩條蜥蜴。一條蜥蜴咬住虎尾，另一條又咬住它的尾部，首尾相接。另外虎頭前面還有一條蜥蜴，前爪也抓住蜥蜴尾部，尾巴則彎卷成鈎，掛住鏈環一端。鏈環由圓環與握手相連接構成。

整體造型設計精巧，是一副既美觀又實用的腰帶。同類腰帶傳世品很多，但有確切出土地點和共存關係的則少見。

攝影：王　露

八〇　鳥獸紋帶鈎

戰國
長七·一、寬四·六厘米
一九八八年寧夏西吉陳陽川出土
寧夏回族自治區固原博物館藏

透雕鳥獸圖案：下面爲卷曲成環的豹紋，上面有幾個鳥頭，其中一鳥頭爲圓雕，喙下勾成鈎。背面中間靠上有一竪向紐。器表飾圓點紋、弧線紋等。帶鈎造型奇特，工藝精緻。

（延世忠）

八一　鳥形帶扣

春秋
通長五・二、四・三厘米
一九七四年內蒙古鄂爾多斯徵集
內蒙古自治區文物考古研究所藏

整體造型爲展翅欲飛的鳥形。鳥首伸頸前視爲扣鈎，橢圓形鳥身作扣環，鳥尾作扣紐。其中一件雙翅和雙尾鑄嵌窩，原嵌石料已脱落；另一件鳥身裝飾類似纏繞的繩紋。設計精巧、實用。

八二　鳥形帶扣

春秋晚期
通長四・五、鈎首高一・六厘米
一九八〇年河北懷來甘子堡出土
河北省張家口市博物館藏

整體呈鳥形。鳥首爲扣鈎，腹部爲圓形扣環，上飾一圈羽狀紋，後部飾三個圓圈紋，尾部平伸爲方形扣紐。

（劉建中）

八三　環狀帶扣、圓環

春秋晚期
環徑五・五至六・四厘米
一九七二年內蒙古杭錦旗桃紅巴拉出土
內蒙古自治區博物館藏

扣環呈扁平圓環狀，一端扣鈎向外突出，相對一端有近梯形扣紐。圓環上飾弧形紋。均有使用痕跡。

八四　帶扣

戰國
通長六・四至六・七厘米
一九七九年內蒙古涼城毛慶溝出土
內蒙古自治區文物考古研究所藏

左、右：扣環呈扁平圓環狀，一端扣鈎向外突出，另一端有梯形扣紐。左一件扣環上有凸起的泡形飾，右一件飾弧形紋。表面鍍錫呈銀白色。

中：圓形扣環一端有鈎外突，另一端紐部呈圓牌狀，背面中間有凸起的T形紐。

八五　臥獸紋帶扣

春秋晚期至戰國早期
長六・六、寬三・二厘米
一九八九年寧夏固原楊郎馬莊出土
寧夏回族自治區文物考古研究所藏

扣環呈橢圓形，飾聯點紋，扣鈎近直，紐部圖案爲回首臥獸狀。背微凹，附横紐。

（耿志强）

八六　雙獸搏鬥紋帶扣

戰國
長五・六、寬三・二厘米
一九八九年寧夏固原楊郎馬莊出土
寧夏回族自治區文物考古研究所藏

圓形扣環，扣鈎斜突。紐部裝飾兩獸相搏圖案。背面平，附横紐。

（耿志强）

八七　雙虎紋帶扣

戰國
長六、寬四厘米
一九九三年寧夏固原出土
寧夏回族自治區固原博物館藏

整體造型近長方形，兩虎前半身反向聯結，後半身簡略呈糾結S形。外表飾雙行聯點紋。一端有扣鈎外突，背面有一橫紐。

（延世忠）

八八　虎噬羊紋帶扣

戰國
通長八·三厘米
一九七四年內蒙古鄂爾多斯徵集
內蒙古自治區文物考古研究所藏

虎作蹲踞狀，前後肢屈曲前伸，鈎狀爪。虎回首張嘴咬住羊角，羊頭貼在虎的臀部。另外在虎的尾部下方及虎頸前方還各有一向下的羊頭。虎頸一側有扣鈎外突，尾部背面有拱形紐。

八九　雙豹紋帶扣

戰國
高五、寬五·三厘米
一九八一年寧夏固原楊郎大北山出土
寧夏回族自治區固原博物館藏

透雕雙豹圖案，造型爲大小兩豹相對互抱，大豹彎身屈肢卷尾，前後足相疊，前額緊貼小豹下頜。形象生動傳神，表現母子親情。小豹腹側有一凸紐。

（延世忠）

九〇　牛首紋帶扣

西漢
通長七·九厘米
一九七四年內蒙古鄂爾多斯徵集
內蒙古自治區文物考古研究所藏

整體造型近橢圓形，一端直邊，透雕牛首紋。牛頭呈正面形，雙角向上彎卷構成橢圓形扣環，環上扣鈎向外斜突。另一端牛頭下部爲長方形扣紐，上有兩個穿孔。牛頭兩側裝飾葉狀紋。

九一　鹿紋帶飾

漢
殘長七厘米
一九七四年內蒙古鄂爾多斯徵集
內蒙古自治區文物考古研究所藏

整體造型近橢圓形，透雕奔鹿圖案。鹿呈奔走狀，頭側視，嘴凸出。鹿角裝飾圓形凹坑，身上飾凹入葉狀紋。一邊殘缺。

九二　騎士行獵紋帶飾

西漢
長一一·二、寬八·五厘米
一九五六年遼寧西豐西岔溝出土
遼寧省博物館藏

整體造型近橢圓形，透雕騎馬出行打獵的圖形。兩武士騎馬佩長劍，左手持繮繩，右臂架一雄鷹，左右相顧行進。

（烏　恩）　攝影：孔立航

九三　虎紋帶飾

春秋晚期
通長一一·一厘米
一九七九年內蒙古凉城毛慶溝六〇號墓出土
內蒙古自治區文物考古研究所藏

透雕半蹲踞狀虎，低頭，垂尾，張口露齒，前後肢屈曲前伸。身上前後有兩個圓鏤孔，腿和尾陰刻線紋。整體扁平，造型古樸，表面鍍錫。

九四　虎紋帶飾

戰國早期
通長一一厘米
一九七九年內蒙古凉城毛慶溝七四號墓出土
內蒙古自治區文物考古研究所藏

整體扁平，用陰線刻畫出虎的頭、四肢及尾，線條簡練。虎略作半蹲踞狀，張口露齒，圓眼。身上有五個鏤孔，表面鍍錫。

九五　虎紋帶飾

戰國早期
通長一〇·三厘米
一九七九年內蒙古凉城毛慶溝五五號墓出土
內蒙古自治區文物考古研究所藏

佇立狀虎抬起右前蹄，圓睜大眼，豎耳，張口露齒作咆哮狀。造型生動、逼真。虎的前肢有一圓形鏤孔，背面中間有拱形紐。

九六　虎噬獸紋帶扣

戰國

長一二、寬六·三厘米

一九八九年寧夏固原楊郎馬莊出土

寧夏回族自治區文物考古研究所藏

透雕佇立狀虎，小耳，凸眼，肢體雄健，長尾下垂，張口吞噬一卷屈小獸。虎口前方附一方形小扣環，扣鈎外突。背面有橋形紐。

（耿志强）

九七、九八　虎噬羊紋帶扣

戰國

長一〇·六、九·六、寬五厘米

一九八六年寧夏西吉陳陽川出土

寧夏回族自治區西吉縣文物管理所藏

兩件造型相似。虎作佇立狀，垂尾，張口噬屈跪狀盤羊，一爪捺住羊後身。虎的頸部、前後肢及腹部陰刻線紋，象徵虎斑。其中一件在虎頭前方還有一小虎子，頭觸盤羊頸，後肢聯接虎頭構成小環扣，腹部小扣針稍突；另一件在虎的臀部背面有方形環紐。

兩件同出一墓，構圖左右對稱，可能是配套使用。

九九　虎紋帶飾

戰國
長九、寬四厘米
一九八四年寧夏彭陽姚河出土
寧夏回族自治區固原博物館藏

虎作行進狀，張口露齒，樹葉形眼，圓三角耳，長尾緊夾在雙股之間，卷曲至腹部。額前附有半圓環。頸部及前肢陰刻密集的短線紋，背上有一凸飾。（延世忠）

一〇〇　虎噬羊紋帶飾

戰國
長八、寬四·五厘米
一九八四年寧夏彭陽白楊林出土
寧夏回族自治區固原博物館藏

虎作佇立狀，長尾下垂，末端卷曲。橢圓形大耳，桃形眼，張口銜住一屈體小鹿的頭部。虎背、尾端裝飾鳥頭紋。從其形體看又似豹子。（延世忠）

一〇一　虎噬鹿紋帶飾

戰國
長一二·二、寬六·五厘米
一九八八年寧夏西吉陳陽川出土
寧夏回族自治區固原博物館藏

虎作站立狀，圓眼，卷尾，張口咬噬倒地屈體鹿的腹部，左前爪捺住鹿的頸部，右前爪踩踏另一幼鹿。虎額前部附一環扣，虎尾背面有紐。虎耳、頸背、尾端裝飾鳥頭紋，器表裝飾勾雲紋、圓點紋等。（延世忠）

一〇二　鎏金卧牛紋帶飾

戰國

身長一〇・五、腰寬四・五厘米

一九七六年寧夏西吉蘇堡出土

寧夏回族自治區西吉縣文物管理所藏

銅質鎏金，牛呈卧姿，頭側枕前腿，雙角直豎，左蹄着地，右蹄仰靠腹側與後蹄相接。長尾下垂。全身滿飾細線紋，腹側陰刻似S形裝飾，內填短線紋。

從角尾及身上紋飾看好似馴養的牦牛。

（李懷仁）

一〇三　虎噬羊紋帶扣

戰國

通長九・四厘米

一九六一年徵集

內蒙古自治區博物館藏

虎作行進狀，卷尾，張口銜住盤角羊頸部，羊前肢着地，後肢反轉搭靠在虎背上，雙腿下垂。虎身飾條狀斑紋。

整體造型近横B形，用透雕技法刻畫出猛虎肩扛獵物的神態。製作精細，形象生動逼真。

一〇四　虎噬馬紋帶飾

戰國

通長九・二厘米

一九六八年內蒙古凉城崞縣窯子出土

內蒙古自治區博物館藏

整體造型近P形，透雕虎噬馬圖案。虎呈佇立形，長尾下垂，抬頭張口咬住馬的頸部，馬四肢屈卧。虎身飾條形斑紋。飾牌底邊和前側邊飾短斜線紋，四角各有一圓形鏤孔，便于縫綴。表面鎏金已大部脱落。

整體構圖設計巧妙，製作精緻。

一〇五　虎噬驢紋帶飾

戰國

長一三·七、寬八·二厘米

一九七六年寧夏固原楊郎出土

寧夏回族自治區博物館藏

整體造型呈P形，透雕虎噬驢圖案。猛虎張口露齒噬住驢的頸部，驢的後身翻轉搭靠在虎背上，作掙扎狀。虎身飾斑紋，驢蹄以凹入葉狀紋表示。

同墓共出兩件，構圖相同，左右對稱。一件有長方形鏤孔，另一件一端有扣針外突。兩件應配套使用。

（鍾　侃）

一〇六　騎士捉俘紋帶飾

西漢

長一〇·七、寬五至六·八厘米

一九八三年寧夏同心倒墩子匈奴墓出土

寧夏回族自治區同心縣文物管理所藏

整體造型呈P形，透雕動物、人物及車輛圖案。前面爲駕牲雙輪車，車上有一犬。車後有一騎馬武士，一手執劍，另一手捉住戰俘頭髮，一犬撲向戰俘。車前裝飾樹木，底框飾凹入葉狀紋。

（馬振福）

一〇七　獸犬相搏紋帶飾

西漢

長一〇·二、寬七厘米

一九五六年遼寧西豐西岔溝出土

遼寧省博物館藏

整體造型呈P形，透雕獸犬相搏圖案。鷹嘴鹿角獸作佇立狀，一犬迎面撲來，咬住獸的左前腿，獸則低頭噬犬之頸部。獸的頸部立一小獸，枝狀角端裝飾鳥頭紋。

攝影：孔立航

一〇八　鎏金神獸紋帶飾

西漢

長一一·四、寬五·七至七·三厘米

一九八一年吉林榆樹老河深出土

吉林省文物考古研究所藏

通體鎏金，造型呈P形，浮雕神獸圖形。神獸形似馬，吻部生角，作展翅飛奔狀。

（烏　恩）攝影：王　露

一〇九　三獸紋帶飾

西周晚期至春秋早期

長五·二、寬三·二厘米

一九八五年內蒙古寧城小黑石溝出土

內蒙古自治區寧城縣博物館藏

長方形，中間陰刻三隻動物紋，頭向一致，呈佇立狀。頭上有角，短尾。邊框飾繩索紋。背面上下各有一豎紐。同墓共出八件，當爲帶飾。

一一〇　虎紋帶飾

春秋晚期

通長一〇·七、寬六·一厘米

一九七九年內蒙古涼城毛慶溝五號墓出土

內蒙古自治區文物考古研究所藏

整體扁平，近似長方形，陰刻虎紋。虎呈半蹲踞狀，方頭，鏤空圓眼，齒狀牙，鈎形爪，長尾下垂。背和尾部飾短線紋，前後肢有鏤孔。表面鍍錫，有銀白色光澤。

一一一　鎏金虎紋帶飾

戰國

長八、寬五厘米

一九九三年寧夏固原出土

寧夏回族自治區固原博物館藏

長方形，浮雕虎紋。虎低頭垂尾作行進狀。三角形耳，圓眼外凸，張口露齒。額頂裝飾一辮狀物延伸至脊背，末端裝飾鳥頭。背面平直有二個橋形紐。

（延世忠）

一一二　雙龍紋帶飾

漢

長八、寬三・九厘米

一九五六年內蒙古察哈爾右翼後旗二蘭虎溝出土

內蒙古自治區博物館藏

長方形，中間透雕雙龍。頭向外，身體彎曲，雙尾相繞。邊框飾雙道繩索紋。除頭部外，其細長彎曲的身體和四肢，類似蜥蜴。

一一三　牛紋帶飾

西漢

長五・五、寬三・七厘米

一九八三年寧夏同心倒墩子匈奴墓出土

寧夏回族自治區同心縣文物管理所藏

長方形，邊框飾麥穗紋，中間透雕佇立狀牛形圖案。牛睁大圓眼向右側視，彎角向上，從嘴右側伸出一彎鈎狀物。背面有兩個對稱橋形紐。

（馬振福）

一一四　雙駝紋帶飾

西漢

長一〇・二、寬五・五厘米

一九八三年寧夏同心倒墩子匈奴墓出土

寧夏回族自治區同心縣文物管理所藏

長方形，中間透雕雙駝圖案。雙駝相向佇立，作低頭食草狀，中間裝飾枝葉和獸頭紋。邊框飾索鏈紋。

（馬振福）

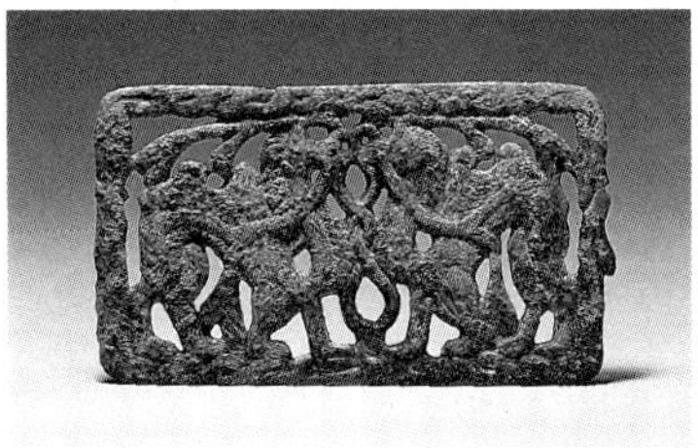

一一五　雙駝紋帶飾

西漢

長一〇・六、寬六・一厘米

一九八三年寧夏同心倒墩子匈奴墓出土

寧夏回族自治區同心縣文物管理所藏

長方形，邊框飾索鏈紋，中間透雕雙駝圖案。雙駝相對佇立，昂首，正在樹下吞食枝葉。

（馬振福）

一一六　鎏金雙駝紋帶飾

西漢

長九・五、寬四・八厘米

一九五六年遼寧西豐西岔溝出土

遼寧省博物館藏

長方形，邊框飾葉脈紋。雙駝昂首相向而立，口銜枝條披于身側。

（烏　恩）攝影：孔立航

一一七　雙牛紋帶飾

西漢

長一四·八、寬七厘米

一九五六年遼寧西豐西岔溝出土

遼寧省博物館藏

長方形，邊框飾竹節狀紋飾。雙牛相向佇立，低首揚尾似覓食狀。牛四肢及尾端裝飾仿嵌窩的葉狀紋。邊框一端有橢圓形鏤孔和稍外突的扣針。

（烏　恩）攝影：孔立航

一一八　雙馬紋帶飾

西漢

長一〇·一、寬五·二厘米

一九八三年寧夏同心倒墩子匈奴墓出土

寧夏回族自治區同心縣文物管理所藏

長方形，邊框飾繩索紋，中間透雕雙馬圖案。雙馬相背頭朝外，前肢屈卧，後半身翻轉，雙蹄朝上。中間裝飾兩鳥頭。一側邊鏤孔有鈎掛磨痕。（馬振福）

一一九　雙獸紋帶飾

西漢

長一〇·二、寬五·五厘米

一九八三年寧夏同心倒墩子匈奴墓出土

寧夏回族自治區同心縣文物管理所藏

長方形，邊框飾繩索紋。透雕雙獸紋。雙獸背向佇立，張嘴豎耳，長尾相糾結，尾端裝飾小獸頭。前後肢裝飾仿嵌窩葉狀紋。

（馬振福）

一二〇　雙龍紋帶飾

西漢

長一二·二、寬五·九厘米

一九八三年寧夏同心倒墩子匈奴墓出土

寧夏回族自治區同心縣文物管理所藏

長方形，邊框飾凹長方塊紋，中間透雕雙龍紋。兩龍曲頸回首相對，張口噬住對方尾部，龍身彎曲相交叉。一側邊鏤孔有鈎掛磨痕。

（馬振福）

一二一　幾何紋帶飾

西漢

長一一·二、寬五·六厘米

一九八三年寧夏同心倒墩子匈奴墓出土

寧夏回族自治區同心縣文物管理所藏

長方形，邊框飾葉狀紋，中間透雕幾何形圖案。一端邊框有凸紐，應爲帶扣。

（馬振福）

一二二　雙羊紋帶飾

西漢

長一一·二、寬六·三厘米

一九八三年寧夏同心李家套子匈奴墓出土

寧夏回族自治區同心縣文物管理所藏

長方形，邊框飾葉狀紋，中間透雕雙羊圖案。兩羊相背佇立，抬頭豎耳遠眺，似驚恐狀。碩大羊角間裝飾纏聯的帶形紋。一側有鏤孔和稍突的扣紐，當作帶扣用。

（馬振福）

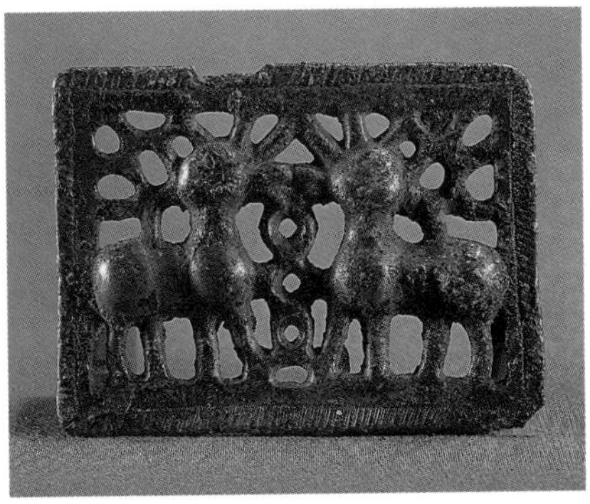

一二三　雙鹿紋帶飾

漢
長七·五、寬五·七厘米
一九五六年內蒙古察哈爾右翼後旗二蘭虎溝出土
內蒙古自治區博物館藏

長方形，邊框飾短線紋，透雕相對而立的雙鹿圖案。鹿頭上方枝狀角已圖案化，兩鹿中間裝飾連環紋。

一二四　鎏金神獸紋帶飾

漢
長一一·二、寬五·七至七·三厘米
一九八一年吉林榆樹老河深出土
吉林省文物考古研究所藏

近似長方形，浮雕神獸圖形。神獸形似飛馬，吻部生角，作展翅飛奔狀。兩件構圖相同，左右對稱。其中一件一端有橢圓形鏤孔和稍突的扣紐，另一件兩邊有小釘孔。

（烏　恩）攝影：王　露

一二五　雙鳥形飾

春秋晚期
長三·五、四·二厘米
一九七四年內蒙古鄂爾多斯徵集
內蒙古自治區文物考古研究所藏

左：形似雙獸頭，相背聯結呈『8』字形，頸部飾點狀紋，有拱形紐。相同器物在桃紅巴拉和毛慶溝墓地均有出土，爲腰帶飾件。

右：雙鳥頭相背聯結，中間爲泡形凸起，雙翼誇張呈反『S』形。鳥頭較寫實。圓泡背面有拱形紐。

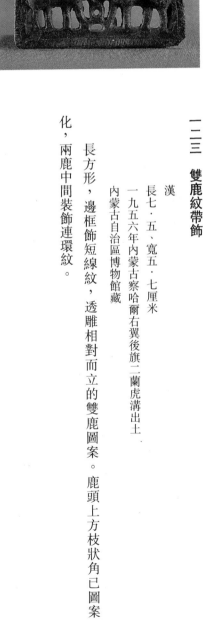

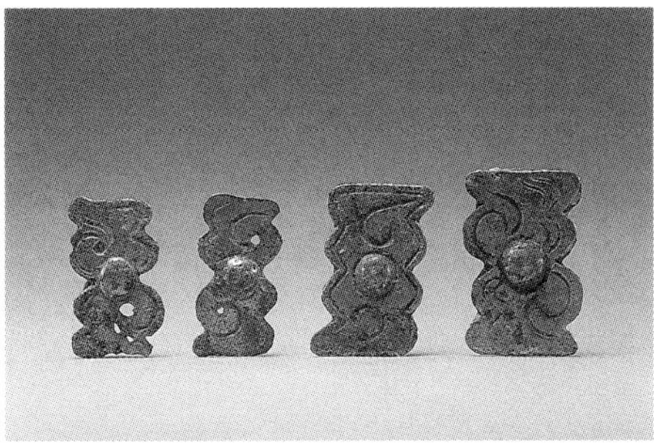

一二六　雙鳥形飾

春秋晚期至戰國早期
長三・一、寬一・九厘米
一九八五年寧夏固原彭堡出土
寧夏回族自治區固原博物館藏

雙鳥頭相背聯結。鳥頭形狀相同，圓耳，圓眼外凸，尖喙下勾。鳥身飾點狀紋。背面平直，有一紐。

（延世忠）

一二七　雙鳥形飾

春秋晚期至戰國早期
長三・一至三・六厘米
一九七四年內蒙古鄂爾多斯徵集
內蒙古自治區文物考古研究所藏

雙鳥頭相背聯結呈『S』形。有的圓眼和鈎狀喙尚清楚，有的已圖案化。相同器物在桃紅巴拉和毛慶溝墓地多有出土，爲腰帶飾件。

一二八、一二九　雙鳥紋飾牌

春秋晚期至戰國早期
長三・六至五・四厘米
一九七九年內蒙古涼城毛慶溝出土
內蒙古自治區文物考古研究所藏

圖案爲變形雙鳥紋，形狀大體呈雲形，中間多數有泡形凸起，有的呈橫條形。圓泡背面有拱形紐。有的器表鍍錫，呈銀白色。

此類飾牌出土數量最多，圖案變化繁雜，爲腰帶的主要飾件。

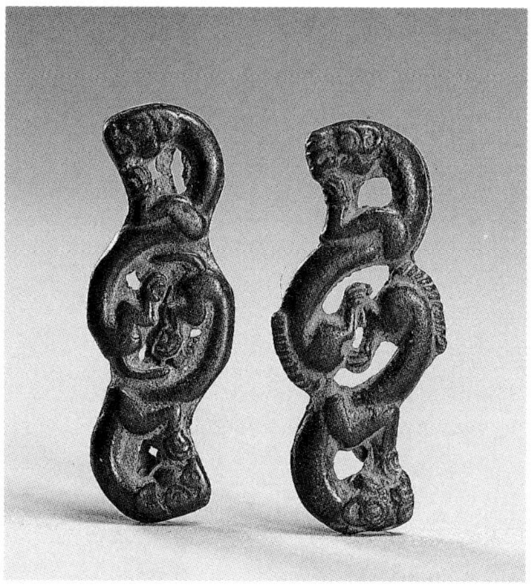

一三〇　**雙豹形飾**

春秋晚期至戰國早期
長五厘米
一九七四年內蒙古鄂爾多斯徵集
內蒙古自治區文物考古研究所藏

雙豹相背聯結。前肢前屈，後肢反轉。背面有豎條形穿紐。爲腰帶飾件。

一三一　**雙豹形飾**

西周晚期至春秋早期
長二·九、寬三·一厘米
一九八五年內蒙古寧城小黑石溝出土
內蒙古自治區寧城縣博物館藏

雙豹上下相對，頭尾相接，呈半蹲踞狀。環形爪，長尾下垂，眼和身上飾重圈紋。背面有兩豎紐。

一三二　**雙豹奪鹿形飾**

戰國
長六·三、寬五·三厘米
一九六一年徵集
內蒙古自治區博物館藏

雙豹相對，中間夾一大耳小鹿。構圖奇特。

一三三　雙鳥形飾牌

戰國
長六、寬四·三厘米
一九八八年寧夏西吉陳陽川出土
寧夏回族自治區固原博物館藏

上部爲兩鳥回首相對，鳥尾展開相接如花瓣。下部圓牌中間爲彎曲豹紋。背面有豎紐。

（延世忠）

一三四　卧羊紋飾牌

漢
寬六·一、高五厘米
一九六一年徵集
內蒙古自治區博物館藏

羊頭居中呈正面形，碩大羊角向兩側盤卷，羊身作側卧狀，四肢內屈。羊蹄飾凹葉紋。

一三五　鳥頭形飾

春秋晚期
長一·九至二·七厘米
一九七九年內蒙古凉城毛慶溝出土
內蒙古自治區文物考古研究所藏

雛鳥狀。突出刻畫鳥的喙和耳。喙向下彎勾，圓耳。背有拱形紐，可穿繫或縫綴作裝飾品。

一三六　四鳥頭形飾

春秋晚期
長四·七厘米
一九七九年內蒙古涼城毛慶溝出土
內蒙古自治區文物考古研究所藏

中間一圓扣，上下裝飾兩兩相背聯接的鳥頭。鳥長喙向下彎勾，圓眼凸出，圓環耳。圓扣背面有拱形紐。

一三七　獸頭形飾

春秋晚期
長二·一至二·六厘米
一九七四年內蒙古鄂爾多斯徵集
內蒙古自治區文物考古研究所藏

小獸頭尖嘴、尖耳，用兩個圓圈表示眼睛，有的無耳。背有或横或竪的橋形紐。獸頭飾在內蒙古中南部同期墓葬中多有發現，均能穿繫或縫綴作裝飾物。

一三八　牛頭形飾

春秋晚期至戰國早期
長二·八至三·二厘米
一九七四年內蒙古鄂爾多斯徵集
內蒙古自治區文物考古研究所藏

牛頭呈正面形，雙角向上彎曲，耳、眼多數僅具象徵性。正面有小穿孔，可以縫綴。

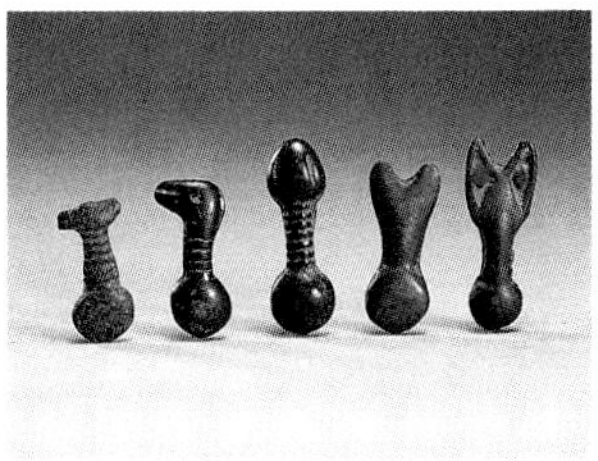

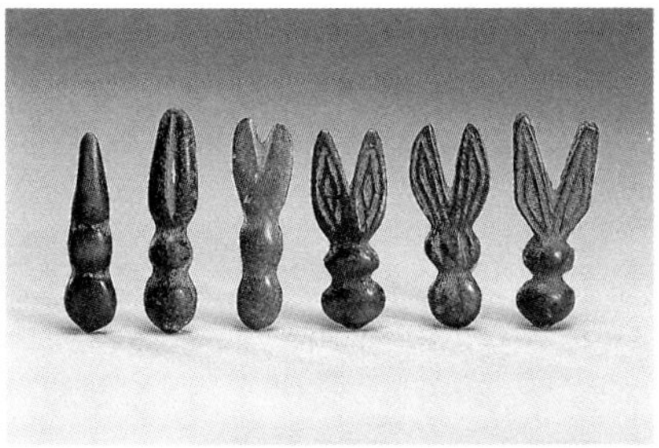

一三九　獸頭形飾

春秋晚期至戰國早期
長二·九至四·二厘米
一九七四年內蒙古鄂爾多斯徵集
內蒙古自治區文物考古研究所藏

圓形扣聯接一獸頭，有的僅具象徵性，有的獸頭只表現其雙耳。圓扣背面有豎紐，可穿繫于腰帶上作裝飾物。

一四〇　獸頭形飾

春秋晚期至戰國早期
長四·一至五·四厘米
一九七四年內蒙古鄂爾多斯徵集
內蒙古自治區文物考古研究所藏

圓形扣聯接一獸頭。長圓耳、圓眼，有的獸眼呈三角形，僅具象徵性。圓扣背面有豎紐，可穿繫于腰帶上作裝飾物。

一四一、一四二　雙珠獸頭形飾

春秋晚期至戰國早期
長四·五至五·五厘米
一九七四年鄂爾多斯徵集
內蒙古自治區文物考古研究所藏

兩個圓扣聯接一對大獸耳。有的獸耳僅具象徵性，多數獸耳飾菱形紋。下端圓扣背面有豎紐，可穿繫于腰帶上作裝飾物。

相類似器物在夏家店上層文化中亦有出土，但有的不是圓扣而是繫紐。因佩帶時雙耳朝下，故有人稱『雙尾銅飾』。

一四三　獸頭形飾

春秋晚期至戰國早期
長四·三厘米
一九七四年內蒙古鄂爾多斯徵集
內蒙古自治區文物考古研究所藏

整體造型爲上下雙珠獸頭形。中間鑄兩個相向聯接的獸頭，圓眼，長耳直豎，上下各聯接兩個圓形扣。圓扣背面均有豎紐，應爲腰帶飾物。

一四四　獸頭形飾

春秋晚期至戰國早期
長二·六至三·三厘米
一九七四年內蒙古鄂爾多斯徵集
內蒙古自治區文物考古研究所藏

兩個獸頭并排相聯，圓眼、長圓耳。有的爲四個獸頭上下相對聯接。背面有穿紐，可繫于腰帶上作裝飾。

一四五　動物紋扣形飾

春秋晚期至戰國
徑二·八至四·六厘米
一九七四年內蒙古鄂爾多斯徵集
內蒙古自治區文物考古研究所藏

圓形扣面或周圍裝飾動物紋。有的扣面爲一彎曲豹紋，周圍裝飾鳥頭紋；有的圓扣周圍裝飾鳥頭紋；有的扣面較平，由三鳥頭組成圖案。背面凹，均有拱形紐。

扣形飾大小不一，紋飾各異，其中以素面者居多數。其用途也較複雜，有的爲腰帶飾件，有的爲衣服上的飾件，有的還裝飾在其它物件上。

一四六　豹紋扣形飾

春秋晚期至戰國早期
徑二・四至二・六厘米
一九八〇年河北懷來甘子堡出土
河北省張家口市博物館藏

近似圓形，正面微鼓，飾卷屈豹形紋，爪和尾端鑄成圓環狀。背略凹，有一橫紐。（劉建中）

一四七　帶鏈豹形飾

西周晚期至春秋早期
通長四・八、牌長徑二・四厘米
一九八五年內蒙古寧城小黑石溝出土
內蒙古自治區寧城縣博物館藏

鏈爲雙節，一端圓環套連豹形飾牌。豹身彎屈，前後肢相重接，卷尾。身上和尾端飾重圈紋。當爲佩帶飾件。

一四八　彎曲豹形飾

春秋晚期至戰國早期
直徑四至四・五厘米
一九六一年徵集
內蒙古自治區博物館藏

豹身彎曲呈圓形，頭尾相接，前後肢相連。豹身飾滿重圈紋。背有紐，類似扣形飾。

一四九　虎形飾

春秋晚期至戰國早期
高一・六、長二・九厘米
一九八〇年河北懷來甘子堡出土
河北省張家口市博物館藏

虎作蹲踞式，虎身前後飾兩個圓圈紋，虎尾下垂。兩面紋飾相同，中空，虎背有穿孔，上下貫通。可幾件串聯在一起作裝飾。

（劉建中）

一五〇　鹿形飾

春秋晚期至戰國早期
高二・八、通長三・八厘米
一九八〇年河北懷來甘子堡出土
河北省張家口市博物館藏

鹿作蹲踞式，前後肢內屈相接，昂首前視，鹿角作連環狀，後伸與尾相連。兩面紋飾相同，中空，上下貫穿，內遺皮帶痕，可串聯在一起作裝飾。

（劉建中）

一五一　鹿紋長方形飾

春秋晚期至戰國早期
高三・二、寬一・五厘米
一九八〇年河北懷來甘子堡出土
河北省張家口市博物館藏

長方形，四周有邊框，內透雕蹲踞狀鹿紋。立耳回首，只表現前肢內屈。背面兩側有兩個豎穿鼻，可串聯起來作裝飾。

（劉建中）

一五二 鹿形垂飾

春秋晚期
高二·七至三·四厘米
一九七四年內蒙古鄂爾多斯徵集
內蒙古自治區文物考古研究所藏

鹿作半蹲踞狀，環狀角延伸至臀部。有的角上附穿紐，便于佩帶。

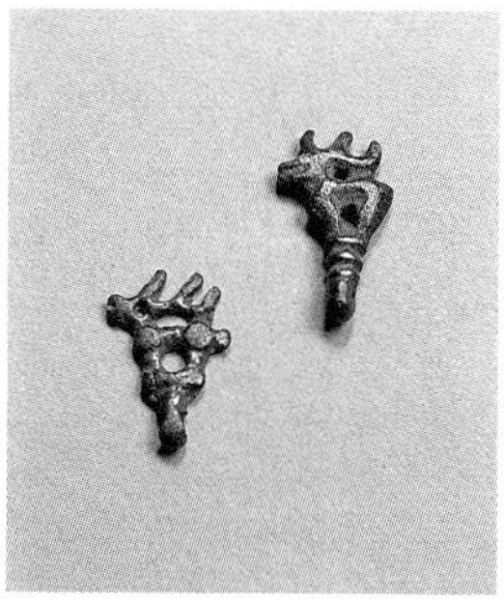

一五三 鹿形垂飾

春秋晚期
高二·二厘米
一九七四年內蒙古鄂爾多斯徵集
內蒙古自治區文物考古研究所藏

鹿作佇立狀，枝狀角延至臀部，足下聯接圓棍形穿紐，便于佩帶。

一五四 鹿形飾

春秋晚期
長四·三厘米
一九七四年內蒙古鄂爾多斯徵集
內蒙古自治區文物考古研究所藏

鹿作蹲踞狀，環形角。身上前後有凹坑。

一五五 動物形垂飾

春秋晚期
高二·五、二·八厘米
一九七四年內蒙古鄂爾多斯徵集
內蒙古自治區文物考古研究所藏

右：佇立虎形，低頭，垂尾。背有半環形紐。
左：佇立狀野猪，背有穿紐。
均爲圓雕，體中空。

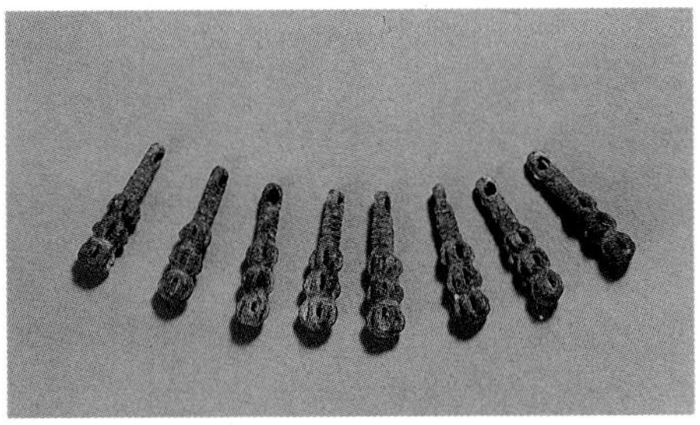

一五六　動物形飾

春秋晚期
通長二·九、三·四、三·五厘米
一九七四年内蒙古鄂爾多斯徵集
内蒙古自治區文物考古研究所藏

左：半蹲踞狀虎形，背上有穿紐，可作垂飾。
中：爲子母馬形。
右：佇立馬形，背面有横紐。

一五七　聯珠狀垂飾

春秋晚期至戰國早期
長三·七厘米
一九八〇年河北懷來甘子堡出土
河北省張家口市博物館藏

長圓棍形，上部有一短柄，飾數道凹弦紋，柄端有一圓穿孔；下部鑄有三個并聯的圓珠，中空，有數道條形鏤孔。數件串聯一起可作項飾。（劉建中）

一五八　鈴形垂飾

春秋晚期至戰國早期
高二·四厘米
一九八〇年河北懷來甘子堡出土
河北省張家口市博物館藏

呈扁圓球狀，中空，腹部鑄有數道條形鏤孔，頂端附環狀紐，可串聯數件作爲項飾。（劉建中）

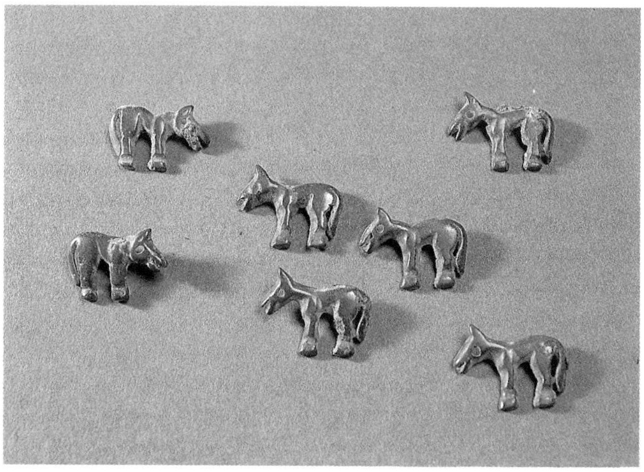

一五九　雙鹿形飾

西周晚期至春秋早期
長三・一、高二・三厘米
一九八五年內蒙古寧城小黑石溝出土
內蒙古自治區寧城縣博物館藏

雙鹿作交媾狀。一鹿半蹲踞，回首；另一鹿後肢直立，前肢搭在前鹿臀部。背有豎紐，原有套聯物已失。

一六〇　雙鹿形飾

戰國
高三・二、寬三・五厘米
一九八七年寧夏固原出土
寧夏回族自治區固原博物館藏

構圖爲兩鹿交媾狀。一鹿前後足收攏作站立勢，豎耳回首目視後方；另一鹿有環形角，前肢搭在前鹿臀部。背面平直。

（延世忠）

一六一　佇立馬形飾

西周晚期至春秋早期
長六・一、高三・五厘米
一九八二年內蒙古寧城小黑石溝出土
內蒙古自治區寧城縣博物館藏

兩件構圖左右對稱。馬呈佇立狀，抬頭前視，垂尾。背面頸、腰部有豎紐。

一六二　佇立馬形飾

西周晚期至春秋早期
長二・七厘米
一九八五年內蒙古寧城小黑石溝出土
內蒙古自治區文物考古研究所藏

馬呈佇立狀，抬頭，豎耳，垂尾。構圖相同，左右對稱。背面有豎紐。

一六三　卧虎形飾

西周晚期至春秋早期
長四・八、高二・四厘米
一九八五年內蒙古寧城小黑石溝出土
內蒙古自治區寧城縣博物館藏

虎作屈肢伏卧狀。低頭，垂尾，下巴枕着前爪。眼、爪、尾端鑄嵌窩。背面有兩豎紐。

一六四　帶鏈豹形飾

西周晚期至春秋早期
通長八・五、牌長二・二至三・三厘米
一九八五年內蒙古寧城小黑石溝出土
內蒙古自治區寧城縣博物館藏

兩個『8』字形鏈環相套聯，兩端各套聯一豹形牌飾。兩豹均作蹲踞狀，低頭側視，前後身飾重圈紋，垂尾，尾端呈環形。

一六五　虎形飾

春秋晚期至戰國早期
虎身長三至四・九厘米
一九八〇年河北懷來甘子堡出土
河北省張家口市博物館藏

右：虎作蹲踞式，身軀較長，前後肢彎曲前伸，虎爪和尾端呈圓環狀。背面前後各鑄一豎穿鼻。

左：虎佇立銅環上，虎爪鑄成二個嵌孔，虎尾端呈圓環狀。背有一豎穿鼻。

（劉建中）

一六六　帶環虎形飾

春秋晚期至戰國早期
虎身長三·一、環徑二·三厘米
一九七四年內蒙古鄂爾多斯徵集
內蒙古自治區文物考古研究所藏

虎呈低頭、垂尾佇立狀，下踏一圓環，環飾繞線紋。背面有一橫紐。

一六七　虎形飾

春秋晚期
長九·二厘米
一九八七年北京延慶玉皇廟山戎墓地一二九號墓出土
北京市文物研究所藏

鑄成凸面卧虎形。虎低頭、豎耳，前後肢屈卧，下巴枕于前爪，長尾拽地後卷。表面粘附一層細麻布，虎眼被遮避。在虎的肩、髖、尾端及爪部，鑄出嵌窩五個，原當鑲嵌綠松石。背面鑄出兩道穿鼻，便于穿綴。（靳楓毅）

一六八　馬形飾

春秋早期
長七·一五厘米
一九八七年北京延慶玉皇廟山戎墓地二二六號墓出土
北京市文物研究所藏

奔馬形，頸背留鬃，呈張口嘶鳴狀。頸側有轡。在口角、腿關節、蹄、尾端鑄出嵌窩六個，原當有鑲嵌飾物。背面鑄出兩道穿鼻。（靳楓毅）

一六九　佇立馬形飾

西漢

長四·三、寬三·二厘米

一九八三年寧夏同心倒墩子匈奴墓出土

寧夏回族自治區同心縣文物管理所藏

透雕佇立狀馬，體肥尾長，作低頭食草狀，造型逼真。

（馬振福）

一七〇　鹿形飾

西周早期

通長三二、高二〇·五厘米

一九八八年內蒙古克什克騰旗龍首山出土

內蒙古自治區文物考古研究所藏

鹿呈側面形，似奔跑狀。抬頭前視，枝狀大角後伸（一枝角殘失），體肥碩，肢細小。頸下和後臀各有兩個小釘孔。

整體扁平，只表現前後兩腿，肢、體不成比例。造型古樸，是北方地區目前發現的動物形牌飾中個體最大的一件。估計非身上裝飾物，可能與部族圖騰信仰或墓主權位、身份有關。

（齊曉光）

一七一　臥鹿形飾

戰國

長一三·七、寬八·二厘米

一九八九年寧夏固原楊郎馬莊出土

寧夏回族自治區文物考古研究所藏

鹿作蹲踞狀，前後肢內屈，蹄相聯，昂首前視，大角向後延伸與背部相聯，短尾上翹。整體扁平，造型簡略。

（耿志强）

一七二　卧鹿形飾

戰國

長一〇·五、高八厘米

一九八九年寧夏固原楊郎馬莊出土

寧夏回族自治區文物考古研究所藏

鹿作蹲踞狀，前後肢內屈，蹄相聯，昂首伸頸，大耳直豎。整體扁平，造型簡略。

（耿志强）

一七三　鹿首勺

商後期

通長一一·八厘米

一九七四年內蒙古鄂爾多斯徵集

內蒙古自治區文物考古研究所藏

橢圓形勺，扁圓柄。柄端鑄鹿首，張口豎耳。柄側附兩個半圓環扣，一環扣內套接一連環狀飾件。

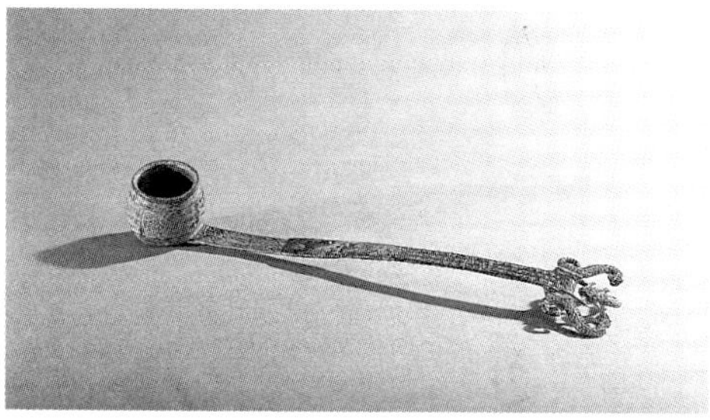

一七四　蛇蛙首勺

商後期

通長一七、勺徑四·八厘米

一九五七年山西石樓後蘭家溝出土

山西省博物館藏

斂口深腹勺頭，細長柄端鑄出雙蛇捕蛙。勺外壁飾獸面紋，柄飾夔紋、雷紋。

攝影：徐　麟

一七五、一七六　羊首勺

商後期

通長一七·五、勺徑九·五厘米

一九七七年陝西清澗解家溝出土

陝西省綏德縣博物館藏

勺敞口深腹，柄扁平，柄端鑄一盤角羊首，雙目圓睜。柄部近勺處圓雕一鹿作逃走狀，鹿後一虎，張口豎耳，屈肢卷尾，作追鹿狀。

一七七　祖柄勺

西周晚期至春秋早期

通長二五·八、勺徑一〇至一二·五厘米

一九八五年內蒙古寧城小黑石溝出土

內蒙古自治區寧城縣博物館藏

勺斂口深腹，圓柄頂端鑄祖頭。柄中空，背面有兩個長方形鏤孔，便于繫繩。

一七八　祖柄勺

西周晚期至春秋早期

通長二〇、勺徑八·五厘米

一九六三年內蒙古寧城南山根一〇一號墓出土

內蒙古赤峰市博物館藏

勺斂口圓腹圜底。圓柄斜直，柄與勺腹相接處作雙叉形。柄首如且（祖），形象逼真。同墓共出二件，造型相同。

（劉素俠）

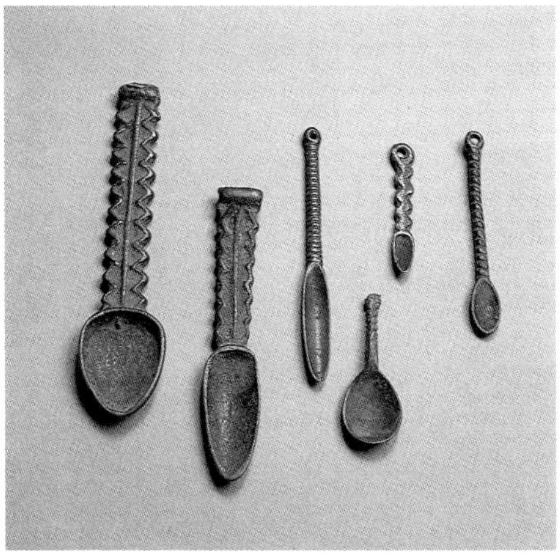

一七九　勺

西周至春秋
通長五・四至一二・八厘米
一九七四年內蒙古鄂爾多斯徵集
內蒙古自治區文物考古研究所藏

勺呈蛋圓形或長條形。柄部有的扁平，兩側呈鋸齒狀，頂端有橫穿孔；有的細長圓柄上飾繞線紋，頂端有環狀紐。

一八〇　甗

商前期
通高四四、口徑二六厘米
一九七二年內蒙古赤峰松山出土
內蒙古自治區赤峰市博物館藏

敞口，平沿上有兩個半環狀立耳，斜直腹，口、腹呈圓三角形，聯襠下接柱狀實足。上腹飾三道凸弦紋。鑄縫明顯。

同類器物在翁牛特旗和克什克騰旗等地亦有發現，是北方地區最早的商代禮器之一。

一八一　豎線紋簋

商後期
高二七・三、口徑三三・二厘米
一九五九年山西石樓桃花莊出土
山西省博物館藏

敞口，折沿，深腹，高圈足上有鏤孔。腹、足均飾一周細密的豎直線紋，邊飾聯珠紋。器物所飾花紋很有地方特色。

攝影：徐　麟

一八二　夔鳳紋簋

西周

高一七、口徑二四厘米

一九八五年內蒙古寧城小黑石溝出土

內蒙古自治區寧城縣博物館藏

敞口，寬沿稍外卷，高圈足。上腹飾一周夔鳳紋，中間有凸弦紋一周，圈足飾二道凸弦紋。

一八三　獸足簋

西周晚期至春秋早期

通高二一·六、口徑一九·五厘米

一九六三年內蒙古寧城南山根一〇一號墓出土

內蒙古自治區赤峰市博物館藏

有蓋，子母口，圓腹兩側各附一帶珥獸首耳，圈足座下另附三個小獸面足。蓋和腹部飾竊曲紋和瓦紋，蓋中心飾圓形竊曲紋。

一八四、一八五　滕盉

西周晚期至春秋早期

通高二一·三、腹徑一八·五厘米

一九八五年內蒙古寧城小黑石溝出土

內蒙古自治區寧城縣博物館藏

有蓋，束頸，折肩，平底，肩一側有獸頭環形把手，另一側有細長流。蓋與頸部間有一隻猴子相聯接，小猴前爪相合捉住蓋側的環紐。通體飾凸弦紋。因蓋頂捉手中間有一『滕』字故名。

一八六、一八七　刖刑方鼎

西周晚期
通高一九、口徑九·七至一二·七厘米
一九八五年內蒙古寧城小黑石溝出土
內蒙古自治區寧城縣博物館藏

上腹近長方橢圓形，口沿下飾雙首夔龍紋，兩側有方形附耳，四角各鑄回首卷尾伏龍一條（左側兩條已缺失）。下部爲爐膛，四足各鑄一鷹嘴獸，正面有兩扇可啟閉的方形門，右門壓關鑄一裸體刖刑（失右足）奴隸形象，左門壓關爲虎頭形，原有門閂已失。兩側有窗户狀通風孔，後面鑄竊曲紋鏤孔可通風，膛底有五個圓形通風口，亦可漏灰。

整體設計精巧、實用。類似器物故宮博物院收藏一件，其下部爲方座，正面門一側亦有一刖刑奴隸形象。一九七六年固原莊白出土一件與此器物極似，刖刑奴隸失左足，口沿下飾竊曲紋，時代定在西周懿王時期。

一八八　獸頭形雙耳鬲

西周晚期至春秋早期
通高二二·五、口徑一六厘米
一九八五年內蒙古寧城小黑石溝出土
內蒙古自治區寧城縣博物館藏

斂口，矮頸，口和腹部呈橢圓三角形。稍有襠，下聯細高錐狀實足。口沿外側有兩個對稱獸頭形環耳，環上飾雷紋。

（劉素俠）

一八九　獸形雙耳鬲

西周晚期至春秋早期
通高一三·二、口徑一一厘米
一九六三年內蒙古寧城南山根一〇一號墓出土
內蒙古自治區赤峰市博物館藏

斂口，矮頸，口和腹部呈橢圓三角形，聯襠，下聯錐形實足。口沿外側有兩個獸形附耳。

（劉素俠）

一九〇　重環紋匜

西周晚期至春秋早期
通高八·九、口寬七·七厘米
一九八五年內蒙古寧城小黑石溝出土
內蒙古自治區寧城縣博物館藏

瓢形體，前流粗短，後面龍頭形鋬手，下附圓環，圜底下接三獸足。口沿外側飾重環紋，下腹飾瓦棱紋。同墓共出六件，造型相同。

一九一　蟠虺紋匜

春秋晚期至戰國早期
高一五·六、長二八厘米
一九八〇年河北懷來甘子堡出土
河北省張家口市博物館藏

匜口沿呈梨形，流粗短，鋬手爲夔龍形，圜底，底附四個獸形足。腹部飾一組蟠虺紋。

（賀　勇）

一九二　獸頭形匜

春秋晚期至戰國早期
高一六、長二八·四厘米
一九八〇年河北懷來甘子堡出土
河北省張家口市博物館藏

口沿呈橢圓形，獸頭形流，鋬手作獸環形，平底，下接馬蹄足。

（賀　勇）

一九三　鳳鳥紋罍

春秋晚期至戰國早期
高三二、腹徑三五厘米
一九八〇年河北懷來甘子堡出土
河北省張家口市博物館藏

小口，方唇，頸較矮，肩部附一對環耳和一對獸形耳，鼓腹，平底。帶蓋，蓋呈束頸式，捉手周壁雕刻鏤空，裝飾群蛇圍繞蛙形圖案。腹上部飾二組繩索紋和一組小蟠虺紋，腹下部飾變形鳳鳥紋圖案，鳳鳥的眼睛鑲嵌綠松石。鑄造精緻，裝飾圖案既莊重又華麗。

（賀　勇）

一九四　蟠螭紋罍

春秋晚期至戰國早期
高二七·二、腹徑三三·六厘米
一九八〇年河北懷來甘子堡出土
河北省張家口市博物館藏

敞口，卷沿，方唇，束頸較長，廣肩，肩部附一對獸環耳，深腹，平底。肩、腹部由上至下分別飾二周蟠螭紋、兩周魚鱗紋和一周三角紋。器形莊重，裝飾圖案精細美麗，鑄造工藝水平較高。

（賀　勇）

一九五　白侯盤

春秋晚期至戰國早期
高一三·二、盤徑三四厘米
一九八〇年河北懷來甘子堡出土
河北省張家口市博物館藏

圓形，方唇，平沿，腹較深，其兩側各有一長方形附耳，底較平，附有圈足。腹部飾蟠螭紋，圈足飾虎紋。盤底中間刻有銘文五行，共二十七字：『□白侯□□中□□□□□□□□□□□□曾子子孫孫永寶用之』。銘文磨損銹蝕嚴重。

（賀　勇）

一九六　聯體豆

西周晚期至春秋早期
通高一四·六、釜徑一六·三至一八·八厘米
一九八五年內蒙古寧城小黑石溝出土
內蒙古自治區寧城縣博物館藏

中間爲一橢圓形釜，斂口平折沿，圜底。周圍聯接六個細柄豆。造型較特殊，其用途可能與鍑相似。

一九七　豆形器

西周晚期至春秋早期
通高二一·六、口徑二九·三厘米
一九六三年內蒙古寧城南山根一〇一號墓出土
內蒙古自治區寧城縣博物館藏

外形如豆，豆盤中間另接一個斂口淺腹罐。罐和豆盤可分別盛不同的東西。

一九八　乳釘紋蓋豆

春秋晚期至戰國早期
高一八·六厘米
一九八〇年河北懷來甘子堡出土
河北省張家口市博物館藏

豆蓋似覆碗，頂端附束頸圓形捉手，蓋的下緣有一對稱獸銜圓環。豆斂口束頸方唇，沿面平而寬，折肩，肩側有兩對稱環形耳，深腹，圜底，圈足。器蓋、腹、圈足外壁滿飾花紋：豆蓋捉手凹心處飾雲雷紋二周和三角勾雲紋一周；器蓋上部和器腹下部各飾一組蟬紋，中間飾二周連續菱格陽紋，格內填陰刻三角勾連雷紋，在菱角交接點間飾有乳釘紋。圈足外壁飾有一周三角紋和一周三角勾雲紋。器形莊重、美觀。

（賀　勇）

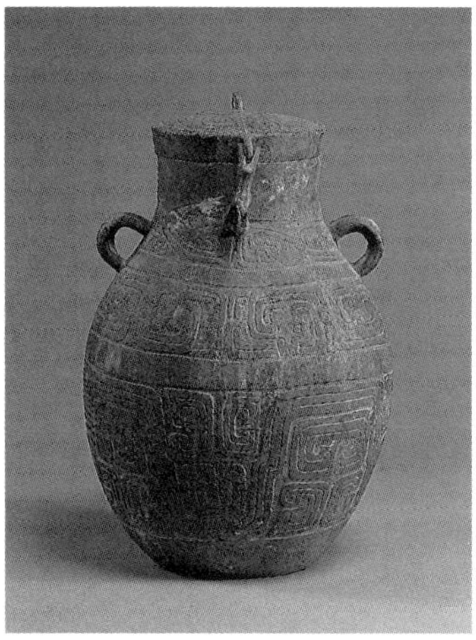

一九九　瓦棱紋雙聯罐

西周晚期至春秋早期
通長二一・五、口徑六厘米
一九八五年內蒙古寧城小黑石溝出土
內蒙古自治區寧城縣博物館藏

兩個圜底鼓腹罐，束頸，平沿方唇，通體飾瓦棱紋。口沿上有一周小穿孔，以皮繩將兩罐口相對穿聯在一起。造型較特殊。

二〇〇　鼓形器

西周晚期至春秋早期
通長二六、口徑一三・三厘米
一九八五年內蒙古寧城小黑石溝出土
內蒙古自治區寧城縣博物館藏

整體呈腰鼓形，喇叭口，兩端不封口。一九九二年在遺址中曾出土了相同造型的紅褐陶製品，其用途不詳，姑名鼓形器。

二〇一　壺

西周晚期至春秋早期
通高三一・五、口徑一一・五厘米
一九八五年內蒙古寧城小黑石溝出土
內蒙古自治區寧城縣博物館藏

有蓋，直頸，鼓腹，平底。蓋頂有半環形紐，肩部兩側有對稱環耳。正面頸部與蓋側沿各有一小環耳相對，之間有一猴形鏈紐。小猴前爪捉住蓋沿環耳；後腿聯接頸部小環。頸、肩和下腹各飾一周竊曲紋，蓋頂亦飾竊曲紋。（劉素俠）

二〇二、二〇三　提梁壺

春秋晚期至戰國早期
高二七・四、寬二〇厘米
一九八〇年河北懷來甘子堡出土
河北省張家口市博物館藏

方唇，長頸，溜肩，垂腹，矮圈足。有蓋，蓋上原附三隻小鳥。肩兩側圓環套聯一活動鏈式提梁。壺的肩腹部飾繩條狀雙凸棱線，上腹四面各飾一大一小相對鳳鳥圖案。鳳鳥的眼、背、尾部嵌有綠松石。此壺造型獨特，工藝較精，花紋圖案美觀。

（賀　勇）

二〇四、二〇五　壺

戰國
高二六・三、口徑九・七、腹徑一六・五厘米
一九六八年內蒙古涼城崞縣窯子出土
內蒙古自治區博物館藏

短直頸，溜肩，鼓腹，高圈足。肩兩側有鋪首銜環。器表從上至下有五組花紋帶，中間用四道寬帶弦紋相間隔：頸、腹飾變形雲紋；上、下腹飾變形三角雲紋，內填重三角紋；肩部在變形雲紋間有人物像，頭頂紮雙髻，身着短裙，雙臂展開作舞蹈狀。整體鑄造精良，花紋刻畫細緻、流暢。

二〇六　鍑

漢
通高二四厘米
一九七四年內蒙古鄂爾多斯徵集
內蒙古自治區文物考古研究所藏

稍斂口，呈上粗下細圓筒狀，平底。口沿上立扁平環狀耳，兩邊有凸棱呈弧形向腹部延伸。

二〇七　鍑

漢
通高一五·八厘米
一九七四年內蒙古鄂爾多斯徵集
內蒙古自治區文物考古研究所藏

斂口，鼓腹呈球形，下接鏤空喇叭形圈足，口沿上附扁平方形耳。耳部兩邊凸棱下延呈弧形，中間和耳下飾雙道凸棱折線。

二〇八　馬銜

西周晚期至春秋早期
通長一九·五厘米
一九九二年內蒙古寧城小黑石溝出土
內蒙古自治區文物考古研究所藏

兩節直棍中間雙環相套聯，另兩端圓環聯鑄橫棍式馬鑣，鑣兩端亦有圓環。

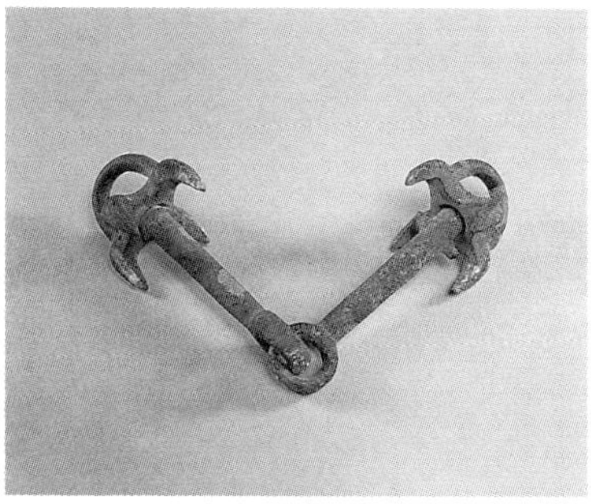

二〇九　馬銜

西周晚期至春秋早期
通長二三·五厘米
一九六三年內蒙古寧城南山根一〇一號墓出土
內蒙古自治區赤峰市博物館藏

兩節，中間由雙環套聯，兩端各有一錨形附件，抓鈎向內，中間圓孔與節棍相套聯，可以轉動，頂端聯鑄半圓套環，可以拴繩。這種結構特殊的馬銜，具有北方民族特徵。

二一〇　馬銜

春秋晚期至戰國早期
長一九・四、二一・二、一九・八厘米
一九八〇年河北懷來甘子堡出土
河北省張家口市博物館藏

均爲兩節直棍式，由兩個小環相套聯，兩端大環呈圓三角形，或兩端大環外連一梯形環，或兩端大環外連一小扁圓形環。（劉建中）

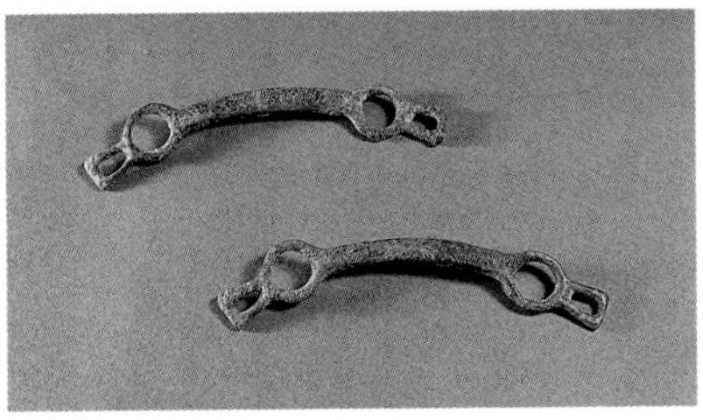

二一一　馬鑣

西周晚期至春秋早期
通長二〇厘米
一九九二年內蒙古寧城小黑石溝出土
內蒙古自治區文物考古研究所藏

扁圓彎棍兩端有圓環，環外聯鑄長方形套環。

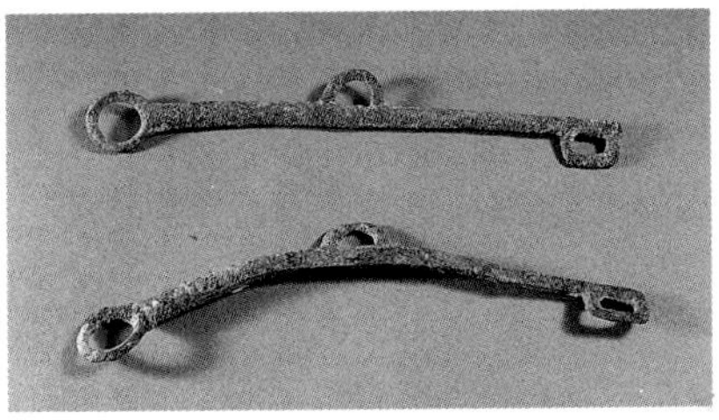

二一二　馬鑣

西周晚期至春秋早期
通長三一厘米
一九九二年內蒙古寧城小黑石溝出土
內蒙古自治區文物考古研究所藏

扁圓直棍，中間有半圓環，一端聯鑄圓環，另一端下側聯鑄方形環。作爲馬鑣，器型似乎有些過大。

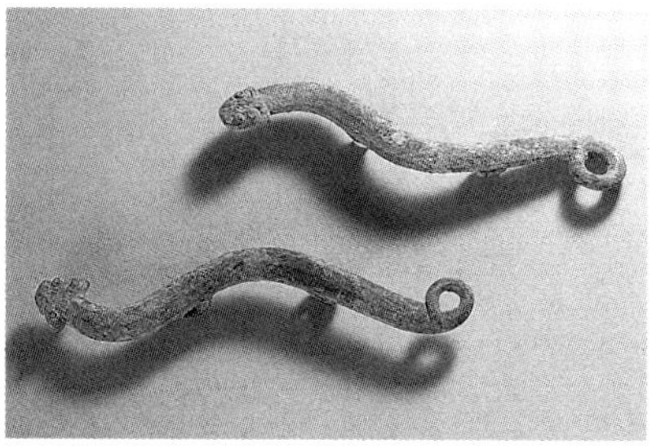

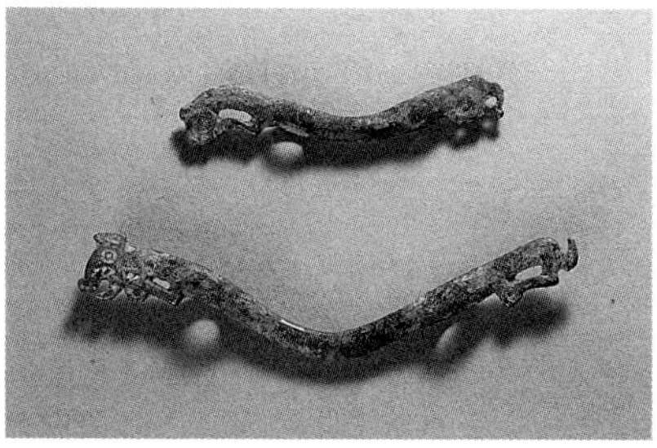

二一三　蛇形馬鑣

春秋晚期至戰國早期
通長一六・二厘米
一九八〇年河北懷來甘子堡出土
河北省張家口市博物館藏

鑣似蛇狀，蛇身呈S形，蛇首爲三角形，上飾四個小圓嵌孔，象徵眼和耳，蛇尾彎卷成小環。背面平，中部鑄兩個半環形紐。

（劉建中）

二一四　馬首紋馬鑣

春秋晚期至戰國早期
通長一四・九厘米
一九八〇年河北懷來甘子堡出土
河北省張家口市博物館藏

鑣中間略弧，兩端浮雕馬首，形象逼真。背面馬頸部各鑄一半環形紐。

（劉建中）

二一五　獸形馬鑣

春秋晚期至戰國早期
通長一一・六、一三・八厘米
一九八〇年河北懷來甘子堡出土
河北省張家口市博物館藏

鑣一爲蹲踞狀豹形，中間略弧。一端作成豹的前半身，豹首面向一側，前肢屈曲前伸與下頜相聯；另一端作成豹的後半身，後肢屈曲前伸，尾下垂。豹前、後身側面，各鑄一橢圓形穿孔。

一爲蹲踞狀的獸形，中間向下彎。前端鑄一獸首，張口，卷鼻，睁大眼，尖耳向前，前肢前屈；另一端後肢亦前屈，短尾上卷。肩和後身鑄圓形孔。

（劉建中）

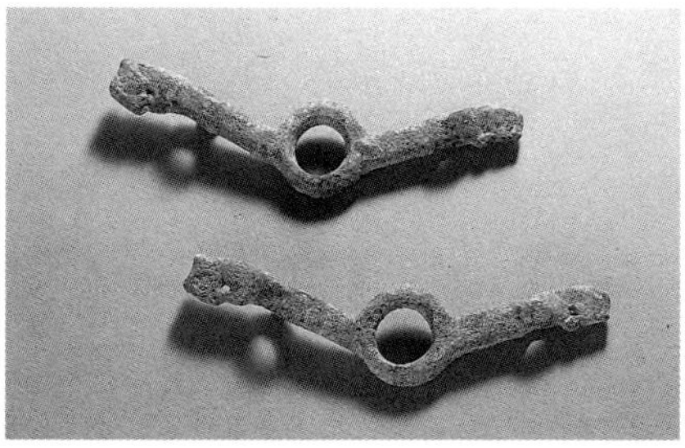

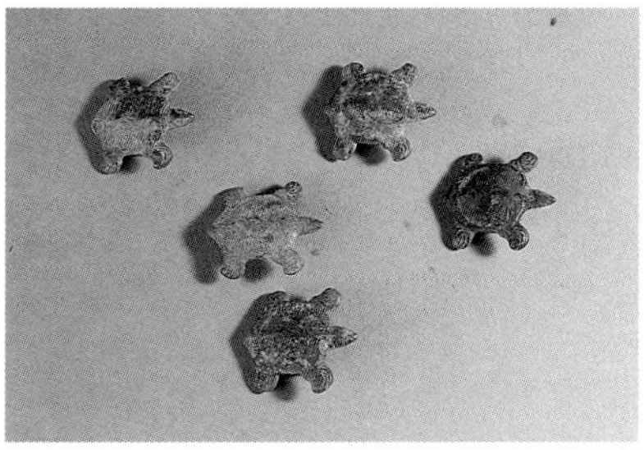

二一六　虎形馬鑣

春秋晚期至戰國早期
通長一五・五、環徑三・六厘米
一九八〇年河北懷來甘子堡出土
河北省張家口市博物館藏

鑣爲一蹲踞狀虎形，中部呈圓環狀。一端作成虎形前半身，前肢屈曲前伸，與虎下頷相聯，虎爪呈環狀；另一端作成虎形後半身，後肢屈曲前伸，虎尾下垂。虎前、後身側面，各鑄有一橢圓形穿孔，作用與鑄在背面的紐相同。（劉建中）

二一七　龜形飾

春秋晚期至戰國早期
高一・四、長四・五厘米
一九八〇年河北懷來甘子堡出土
河北省張家口市博物館藏

龜首前伸平視呈爬行狀。龜背微鼓，中起脊。背面凹，有拱形穿鼻；有前後或左右相對稱的兩個拱形穿鼻，或前後左右四個拱形穿鼻連鑄一起，應與節約用途有關。（劉建中）

二一八　虎頭形節約

戰國
通長五・二、寬二・八厘米
一九七四年內蒙古鄂爾多斯徵集
內蒙古自治區文物考古研究所藏

正面鑄成突出的虎頭形，下部聯鑄牌狀飾，其造型與雙鳥紋飾牌相似。背面有橋形豎紐。

二一九　盤羊首紋節約

漢
徑三厘米
一九七六年內蒙古鄂爾多斯徵集
內蒙古自治區文物考古研究所藏

整體呈圓扣形，中間浮雕盤羊首圖案，周圍裝飾凹葉紋。背面有橋形豎鈕。

二二〇　軛

西周晚期至春秋早期
通長五〇、高一八、徑七·一厘米
一九八五年內蒙古寧城小黑石溝出土
內蒙古自治區寧城縣博物館藏

外形似弓背，中空。背部有突出的雙環，中間鏤孔可繫繩固定于車衡上，兩端有豎穿孔可繫繩。從器物之大推測駕牲可能是牛。其真正用法，尚有待新發現進一步證實。

二二一　獸頭形竿頭飾

西周晚期至春秋早期
高六·八、銎徑二·八厘米
一九八五年內蒙古寧城小黑石溝出土
內蒙古自治區寧城縣博物館藏

獸頭形似夔龍，怒目前視，吻部較寬，頭上有螺旋狀雙角，彎頸中空成銎，銎側有釘孔，用以固柲。

二二二　臥鹿形竿頭飾

春秋
通高五、銎長四・七厘米
一九八〇年河北懷來甘子堡出土
河北省張家口市博物館藏

整體造型爲一蹲踞狀大角鹿。昂首，伸頸，角向後彎曲成環狀與臀部相接，前後肢内屈，腹腔中空爲橢圓形銎，一側有釘孔。造型設計巧妙。（劉建中）

二二三　馬紋竿頭飾

春秋
通長一三・一、環徑四・三厘米
一九八〇年河北懷來甘子堡出土
河北省張家口市博物館藏

扁圓形銎聯接一圓環，中間有圓棍形柄，其兩側鑄飾相對呈佇立狀的馬形圖案。圓環飾繞線紋。銎上有上下貫通的圓釘孔。（劉建中）

二二四　盤羊首形轅飾

戰國晚期
通長一九・五、銎内徑五・八厘米
一九七四年内蒙古准格爾旗玉隆太出土
内蒙古自治區博物館藏

盤羊雙角向前盤卷，雙目前視，口微張，頦下有長鬚。頸向後伸延成圓形銎，銎側有兩個釘孔，銎下側有磨痕。鑄造精緻，形象生動逼真。

攝影：王　露

二二五　羚羊形竿頭飾

戰國晚期
通高一七·二、銎長五·八厘米
一九七四年內蒙古准格爾旗玉隆太出土
內蒙古自治區博物館藏

羚羊昂首伸頸，雙目前視，豎耳，雙角斜立，短尾。四足收攏立于長方形銎端，後腿稍屈，臀微下蹲，形似欲跑狀。體中空，銎側有釘孔，用以固柲。造型精緻，形態逼真。

二二六　佇立獸形竿頭飾

戰國晚期
通高一四·二、銎長五·二厘米
一九七四年內蒙古准格爾旗玉隆太出土
內蒙古自治區博物館藏

獸頭微昂，伸頸，頸背留鬃，雙目前視，豎耳，短尾。額頭聯接一細圓管，體中空。四足收攏佇立于圓形銎端，銎側有釘孔，用以固柲。

二二七　佇立馬形竿頭飾

戰國晚期
通高六·六、銎長二·二厘米
一九七四年內蒙古准格爾旗玉隆太出土
內蒙古自治區博物館藏

馬低頭，豎耳，頸背留鬃，長尾下垂。體中空，四足稍內收，佇立于方形銎端，銎側有釘孔，用以固柲。馬温順、馴服的神態表現得非常逼真。

二二八　狻猊形竿頭飾

戰國晚期
身九・五、銎長一〇厘米
一九六二年內蒙古准格爾旗速機溝徵集
內蒙古自治區博物館藏

狻猊四足收攏立于圓筒形銎的一端。頭微昂，張嘴，雙目前視，短尾。後肢下蹲，形似准備向前猛撲狀。腹體中空。銎上部稍細微彎，兩側有釘孔，用以固柲。

二二九　卧馬形竿頭飾

戰國晚期
馬長八、高五、銎長一一・五厘米
一九六二年內蒙古准格爾旗速機溝徵集
內蒙古自治區博物館藏

馬低頭，雙耳直豎，長尾貼臀下垂，四肢內屈卧于長方筒形銎端，形似小憩。馬腹中空。銎側有釘孔，用以固柲。

二三〇　鶴頭形竿頭飾

戰國晚期
通長三〇・五厘米
一九六二年內蒙古准格爾旗速機溝徵集
內蒙古自治區博物館藏

鶴頭微揚，雙目前視，長喙緊閉，耳鼻清楚，頦下有皺摺。長頸彎曲中空成銎。頭頂有方孔，似爲釘孔。

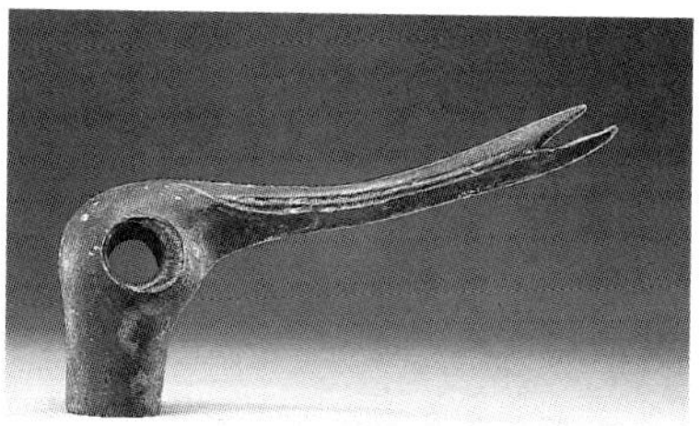

二三一　長喙鶴頭形竿頭飾

戰國晚期
通長二四、銎徑三·二厘米
一九五三年內蒙古准格爾旗瓦爾吐溝出土
內蒙古自治區博物館藏

鶴頭長喙向下彎曲，雙目圓睜。頸向後延伸，中空成銎，銎側有釘孔，用以固柲。

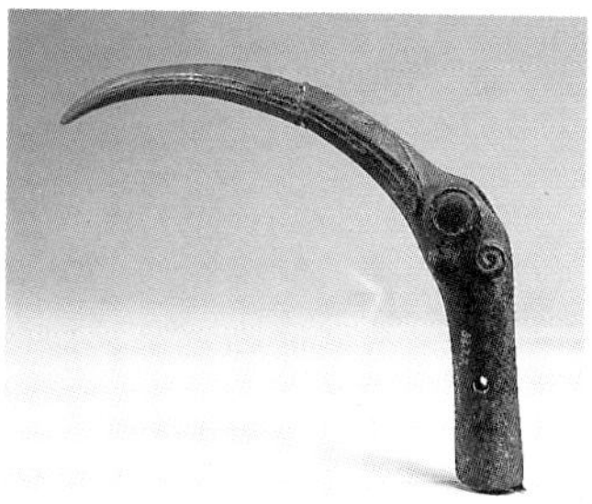

二三二　鶴頭形竿頭飾

戰國晚期
通長一七·一厘米
一九六二年內蒙古准格爾旗速機溝徵集
內蒙古自治區博物館藏

鶴頭長喙稍向上彎曲，張口，雙眼呈大圓鏤孔狀，短頸中空爲銎。頭頂和銎側有釘孔，用以固柲。

二三三　佇立鹿形竿頭飾

戰國晚期
通高七·五厘米
一九七九年內蒙古准格爾旗西溝畔二號墓出土
內蒙古自治區鄂爾多斯博物館藏

鹿低頭，大耳直豎，圓眼，頭上扁平環狀角與短尾相聯接。四足收攏立于短小方銎上，銎側有釘孔，用以固柲。

二三四　刺猬形竿頭飾

戰國
通高九·五、銎徑四厘米
一九五七年陝西神木納林高兔出土
陝西歷史博物館藏

刺猬嘴尖耳短，低頭縮頸，軀體隆起呈球形，渾身滿飾棘刺。短小四足蹲卧于扁圓筒形銎端，銎側有釘孔。（申秦雁）

二三五　盤羊首形竿頭飾

戰國
高六·七、銎徑三·六厘米
一九八九年寧夏固原出土
寧夏回族自治區文物考古研究所藏

羊首形，大角彎卷，粗圓頸延伸爲銎。造型生動。（耿志强）

二三六　蹲踞形羊

西周晚期至春秋早期
通高四·七、長七·三厘米
一九八五年內蒙古寧城小城子那蘇臺出土
內蒙古自治區寧城縣博物館藏

羊抬頭前視，雙角向後彎曲，四肢內屈呈蹲踞狀，短尾。圓雕，腹中空。

二三七　佇立狀鹿

戰國
身長一〇·四、高八·二厘米
一九七六年內蒙古鄂爾多斯徵集
內蒙古自治區文物考古研究所藏

鹿長頸，抬頭，豎耳，短尾，呈佇立狀。

二三八　佇立狀鹿

春秋晚期至戰國早期
長六・九、高六・八厘米
一九八九年寧夏固原楊郎出土
寧夏回族自治區文物考古研究所藏

鹿昂首，伸頸，豎耳，四肢微屈呈奔跑狀。有的前視，有的回首環顧。表現出群鹿間前呼後應的生動場面。鹿體爲身首分鑄套接而成，腹腔中空。造型粗獷傳神。

（耿志强）

二三九　卧鹿

戰國晚期
長一二・三、高九至一一・四厘米
一九七四年內蒙古准格爾旗玉隆太出土
內蒙古自治區博物館藏

同墓共出五件，均爲圓雕，腹中空。鹿抬頭前視，四肢內屈作蹲踞狀，前後足相重疊。其中兩件頭上有枝狀角。

二四〇、二四一　佇立狀鹿、蹲踞狀鹿

戰國晚期
高七・七、一六・七厘米
一九六二年內蒙古准格爾旗速機溝徵集
內蒙古自治區博物館藏

鹿均爲圓雕，腹中空。鹿頭微昂，雙目前視，豎耳短尾。佇立狀鹿四肢直立，前後足間有橫條相聯。蹲踞狀鹿四肢內屈，前後足相接。其中二鹿頭上有碩大枝狀角，向後延伸至臀部。

鑄造精緻，形態逼真傳神。

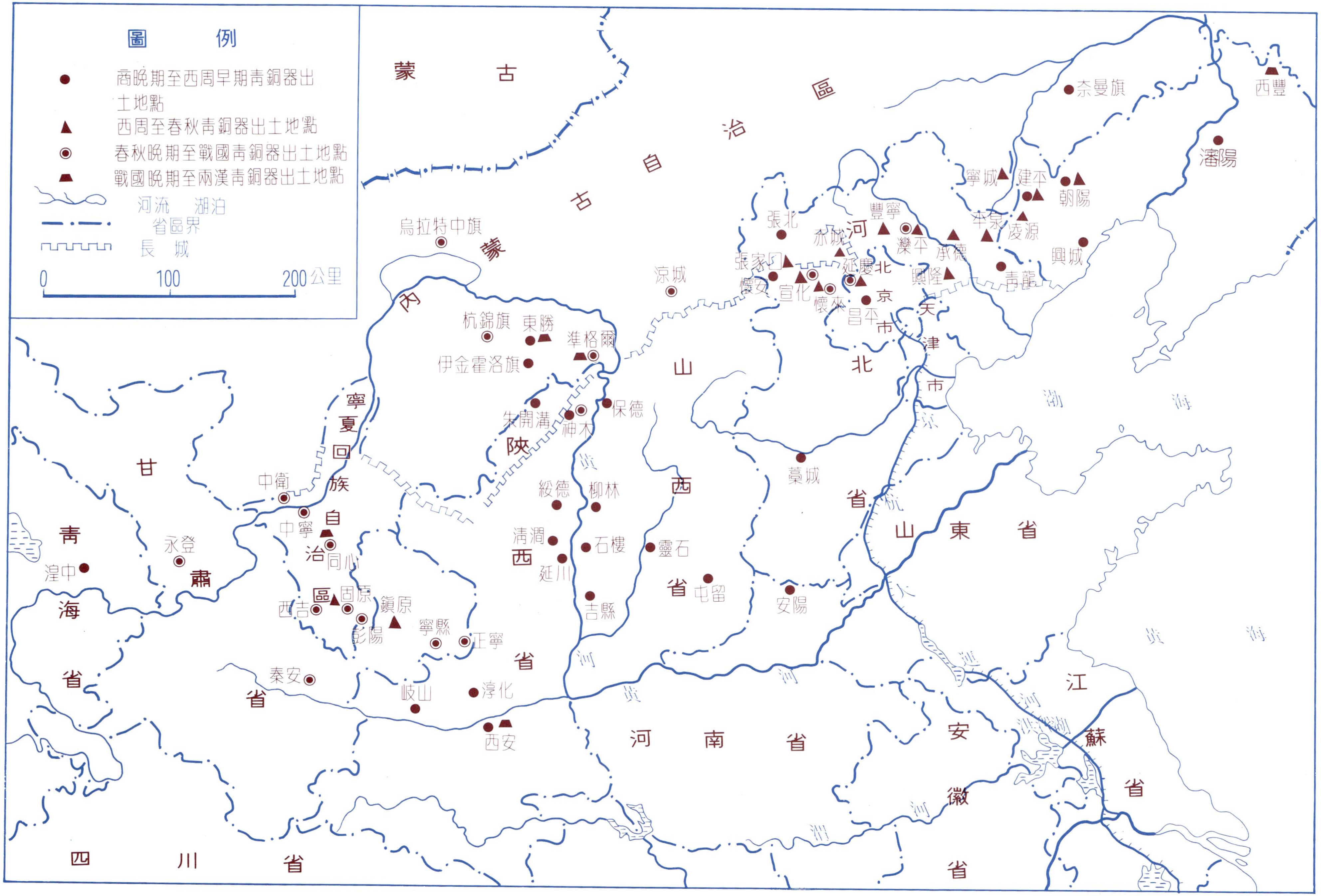

北方民族青銅文化分布圖

本書編輯拍攝工作，承蒙以下各單位
予以協助和支持，謹此致謝

內蒙古自治區文化廳文物處
內蒙古自治區文物考古研究所
內蒙古自治區博物館
內蒙古自治區鄂爾多斯博物館
內蒙古自治區赤峰市博物館
內蒙古自治區寧城縣博物館
寧夏回族自治區文化廳文物處
寧夏回族自治區文物考古研究所
寧夏回族自治區博物館
寧夏回族自治區固原博物館
寧夏回族自治區同心縣文物管理所
寧夏回族自治區西吉縣文物管理所
北京市文物研究所
首都博物館
河北省文物局
河北省文物考古研究所
河北省博物館
河北省張家口市博物館
山西省文物局
山西省考古研究所
山西省博物館
陝西省文物局
陝西歷史博物館
陝西省綏德縣博物館
陝西省延安地區文物管理委員會
遼寧省文化廳文物處
遼寧省博物館
吉林省文物考古研究所
青海省文物考古研究所
所有給予支持的單位和人士

責任編輯 段書安
封面設計 仇德虎
版面設計 段書安
攝　　影 郝勤建
劉小放
孔　群
圖版說明 郭素新
繪　　圖 邱富科
李　淼
劉　方
責任印製 劉京生
張道奇
責任校對 華　新
周蘭英

圖書在版編目（CIP）數據

中國青銅器全集. 15，北方民族／《中國青銅器全集》編輯委員會編. —北京：文物出版社，1995. 8
(2017. 4 重印)
(中國青銅器全集)
ISBN 978－7－5010－0841－4

Ⅰ. ①中…　Ⅱ. ①中…　Ⅲ. ①青銅器（考古）－中國－圖集　Ⅳ. ①K876.412

中國版本圖書館 CIP 數據核字（2011）第 066783 號

中國美術分類全集

中國青銅器全集

第15卷　北方民族

中國青銅器全集編輯委員會編

出版發行者　文物出版社
（北京東直門内北小街二號樓）
http://www.wenwu.com
E-mail:web@wenwu.com

責任編輯　段書安
再版編輯　周燕林
製版者　蛇口以琳彩印製版有限公司
印刷者　文物出版社印刷廠
裝訂者　北京鵬潤偉業印刷有限公司
經銷者　新華書店

一九九五年八月第一版
二〇一七年四月第三次印刷
書號　ISBN 978－7－5010－0841－4
定價　三三〇圓